명심보감선독

明心寶鑑選讀

天聽이 寂無音하니 蒼蒼何處尋고 非高亦非遠이라 都只在人心이니라.

하늘의 들으심이 고요하여 소리가 없으니 푸르고 푸른데 어느 곳을 찾을 것인가 높지도 않고 또 멀지도 않은지라 모두가 오직 사람의 마음에 있는 것이다.

現代 生活人의 敎養 指針書

이육화 편저

신아사

머리말

明心寶鑑(마음을 밝히는 보배로운 거울)이라는 책의 이름이 시사해 주듯이, 이 책은 생활인의 자기 수양과 그리고 처세를 위한 극히 평범한 생활의 철학들로 이루어진 삶의 지침서이다. 한국인 치고 明心寶鑑이란 책 이름을 들어보지 못한 사람은 드물 것이다. 그것은 이 책이 그 옛날 서당 교육에서 중요한 교재였던 점이 하나이고, 다른 하나는 이 책이 비록 평범하나 한국인에게 절실한 삶의 예지(叡智)를 가르쳐 주고 있다는 점이 널리 읽혀진 이유인 것이다. 明心寶鑑에 수록된 어록들은 인간의 기본 윤리를 바탕으로 한 개인의 인격 수련에서 비롯하여 원만한 가정생활의 유지, 그리고 사회와 국가에 대한 헌신과 忠義(충의) 등 실로 광범위하게 포괄하고 있다. 한 마디로 동양의 古典(고전)들 중에서 그 정수만을 뽑아 엮은 明心寶鑑의 가르침은 하나같이 珠玉(주옥) 같은 金言(금언)이다.

明心寶鑑은 고려 충렬왕 때 文臣(문신)인 秋適(추적: 1246-1317)의 편저라고 알려져 왔으나, 청주판(淸州板) 「신간교정대자명심보감(新刊校正大字明心寶鑑)」이 발견됨으로써, 편저자는 中國 明代의 범입본(范立本)인이 밝혀졌다. 그러나 조선시대를 통해 널리 읽혀진 것은 秋適(추적)의 초략본(抄略本: 20篇)인 것이다.

明心寶鑑에는 오늘날을 살아가는 우리에게 걸맞지 않는 내용이 상당수 있는 것도 사실이지만, 그러나 그 대부분의 내용은 여전히 오늘을 살아가는 우리들에게 생활에 유익한 어떤 깨우침을 줄 것이다.

이 책에서는 秋適(추적)의 抄略本(초략본)에서 우리 자신을 발견하고 반성할 수 있고, 또한 한 학기 강의에 알맞은 量(양)(14篇 75條目)을 발췌하여 번역과 함께 풀이를 하였다. 아울러 각종 서적과 신문 그리고 인터넷 등에서 본문의 취지와 연관이 되고, 본 '명심보감'의 정신과 내용을 쉽게 이해시킬 수 있다고 생각되는 글들을 발췌하여 그 출처와 함께 '읽어보기'라는 이름으로 수록하였다. 또한 明心寶鑑은 처음부터 끝가지 仁義禮智忠孝(인의예지충효) 등의 조금은 딱딱한 글로만 짜여 있으므로 지루하지 않도록 좀 쉬어 가자는 의미도 내포하고 있다.

부록으로 史記(사기)의 저자 司馬遷(사마천)이 자신의 친구에게 쓴 편지 '報任少卿書(보임소경서)' 전문(全文)의 번역문을 실었다. 죽지 못하고 宮刑(궁형) 받으면서까지 저서 '史記(사기)'를 완성해야 했던 史家(사가) 자신의 진솔한 고백이 담겨져 있다. 현대를 살아가는 우리들에게 비록 번역문이긴 하지만, 한 번 정도는 읽어보아도 좋은 글이라는 생각이 들어 이에 수록하였음을 밝힌다.

2014년 7월 光州 大洲軒에서

編著者 五垠 李陸禾 識

차례

明心寶鑑

부록

명심보감선독

明 心 寶 鑑 選 讀

現代 生活人의 教養 指針書

一. 繼善篇

01

子曰: 「爲善者는 天報以福하고 爲不善者는
자 왈　위 선 자　천 보 이 복　위 불 선 자

天報以禍니라.」
천 보 이 화

공자가 말씀하시기를, "착한 일을 하는 이에게는 하늘이 복으로써 이에 보답하고, 악한 일을 하는 이에게는 하늘이 재앙으로써 이에 보답한다."고 하셨다.

풀이

1) 子(자) : 존칭으로 先生의 뜻. 여기서는 孔子를 지칭한다. 孔子(B.C. 552-479) 中國 춘추시대(春秋時代) 노(魯)나라 사람으로 이름은 丘(구), 자는 仲尼(중니)이다. 유가(儒家)의 시조로 세계의 삼대 성인(聖人) 중의 한 분이다.
2) 爲(위): "~을 하다, ~을 행하다" 등의 많은 의미로 쓰이는 글자.
3) 者(자): "~者"는 "~하는 사람, ~하는 것" 등의 의미를 가진다.
4) 報(보): 갚다. 보답하다. 報恩(보은). 報答(보답).

한자

曰(말씀 왈)	爲(할 위)	善(착할 선)	者(사람 자)
報(갚을 보)	以(써 이)	之(이것 지)	福(복 복)

(不 아니 불)　　禍(재앙 화)

읽어보기 유가(儒家)

儒家(유가)는 춘추전국(春秋戰國) 시대의 제자백가(諸子百家) 중 하나인 중국 고대의 사상집단이다. 孔子(공자)를 개조(開祖)로서, 그의 사상은 전국시대(戰國時代)의 孟子(맹자), 荀子(순자) 등에 의해서 계승·발전되었다.

儒家(유가)는 儒學(유학) 또는 儒家學說(유가학설) 등으로 불리는 중국 고대의 가장 영향이 있는 사상집단이다. 儒家(유가)는 본래 冠婚喪祭(관혼상제)를 주관했던 집단을 말함이다. 중국 최초의 漢字 사전이라고 할 수 있는 ≪설문해자(說文解字)≫에는 '儒' 자에 대한 두 가지 풀이를 볼 수 있다. 하나는 '유약하다'의 의미이고, 하나는 '術士(술사)의 호칭'이다. 즉 '유약한 집단', '관혼상제를 주관하는 巫祝(무축)의 집단'이라는 풀이가 가능하다. 중국고대에서 죽음에 과 장례의식을 중시하였으므로 이에 이러한 사회적 요구에 나타난 특수한 계층이 바로 '儒'이다. 최초의 '儒'는 바로 葬禮儀式(장례의식)을 주관하던 '巫師(무사)', '術士(술사)'로 불리는 집단으로 볼 수 있다. 이러한 術士(술사)의 집단은, 고대 최초의 '지식인'이다.

殷(은)의 갑골문에는 '儒帝子(유제자)·儒人(유인)·儒師(유사)·子儒(자유)' 등의 문자 기록을 볼 수 있다. 이러한 글자의 출현으로 보아, '儒'는 '國師(국사)'와 같은 높은 존재였음을 알 수 있다. 그러나 시간이 흐름에 따라 그들의 존재가 약화되면서, 漢(한)나라 때 편찬된 한자사전에는 '儒, 柔也(유약하다)'라고 풀이가 될 만큼 '儒'의 가치가 하락했다.

周(주)나라 이전의 중국은 자연현상을 인격화하여 신비한 힘을 가진 것으로 생각하는 자연숭배사상이 중심을 이루었으며, 이 자연숭배사상은 이후 조상숭배사상으로 이어졌다. 周(주)나라 때에는 재산이 상속되고 왕위가 자식에게 세습되는 등의 封建制度(봉건제도)가 시행됨으로 새로운 통치 제도의 시행 등의 새로운 질서가 형성되었다.

다음은 '중국사상의 뿌리(장현근 저 삼림출판사, 2004년)'에 발췌한 글인데, '儒家'가 하나의 사상가 집단으로 발전된 사상적 근거와 공자의 역할에 대해서 설명을 볼 수 있다.

「공자는 탁월한 언어감각을 지닌 학자이다. 예를 들어 공자의 어록인 『논어』엔 "군자유(君子儒)가 되라"고 한다. 임금의 아들[君子]이라는 기존 개념에 도덕적 의미부여[儒]를 함으로써 군자의 뜻을 풍성하게 만들었다. 인(仁)이 그렇고, 예(禮)가 그렇고, 그의 철학적 개념이 모두 그렇다. 그러면서도 그는 "옛사람의 말을 옮겼을 뿐 창조하지 않았다"고 겸손해 한다. 예(禮)를 중시한 주(周)나라에서 큰일을 치르는 의식에 밝은 유(儒)들은 예식을 돕는 상례(相禮)와 교육활동으로 생계를 꾸려갔는데, 공자는 거기에다 기존의 사상적 유산인 육예(六藝)를 성공적으로 결합시켰다. 그리고 마른 고기 한 묶음만 가져오면 각지에서 찾아온 가난한 자, 강도·건달까지도 가리지 않고 열성으로 가르쳐 그들을 전통문화의 계승자로 만들어냈다. 참으로 위대한 역사의 기적이다.

그의 관심은 땅 위에 살아 숨 쉬고 있는 사람이었다. 자로가 귀신 섬기는 일을 묻자 공자는, "아직 사람도 섬길 수 없는데 어떻게 귀신을 섬길 수 있겠느냐?"(『논어』「선진」)고 대답한다. 사람과 사회를 중요한 인식 대상으로 삼은 것이다. 그는 개인의 수양과 품덕을 특별히 강조한 도덕주의자였으며, 상식적인 인간관계를 중시한 다정다감한 사람이었다. 그는 이런 입장에서 과거의 일에 대해 연구하고 정의하였다. 예컨대 삼 년상을 치른다면 산 사람들에게 여러 가지 문제가 생긴다며 합리적인 항의를 한 재아를 어질지 못한 놈이라고 신랄하게 비판하면서, "자식으로 태어나 삼 년이 지나야 부모의 품에서 벗어나기"(「양화」) 때문이라는 인간적인 이유를 단다.

이렇게 전통의 현대적 해석에 성공한 공자는 기존의 『시(詩)』 『서(書)』 『예(禮)』 『악(樂)』 『역(易)』 『춘추(春秋)』를 재정리했고, 이로써 유가는 경전을 갖춘 가장 영향력 있는 사상학파가 될 수 있었다. 고문헌에 대한 선별·편찬이 문제가 될 수도 있으나, 체계적인 이론이 바탕이 되어 줌으로써 오히려 육경(六經)의 의미는 더욱 승화되었다. 『예기(禮記)』 「경해(經解)」 편은 공자의 육경에 대해, "사람됨에 온유하고 돈후하란 것이 『시(詩)』의 가르침이다. 소통하여 멀리 알라는 것이 『서(書)』의 가르침이다. 폭넓고 어진 삶을 살라는 것이 『악(樂)』의 가르침이다. 정밀하고 미묘한 것을 잘 재어 보고 헤아리라는 것이 『역(易)』의 가르침이다. 공손·검약하고, 엄숙·경건하라는 것이 『예(禮)』의 가르침이다. 사건을 잘 비유하여 말을 하라는 것이 『춘추(春秋)』의 가르침이다"라고 논평하고 있다.

공자의 제자들 가운데 일부는 정치적 능력을 발휘해 스승보다 높은 지위에 오른 사람도 여럿이었다. 하지만 대다수의 제자들은 각지로 흩어져 교육에 종사하면서 스승의 말씀을 나름대로 해석하기도 하고, 유복(儒服)이라는 독특한 복장을 하며 동질성을 드러내기도 하였다.

'유(儒)'가 한 학파의 칭호가 된 것은 공자의 사후 얼마 되지 않아서였다. 스승의 사상에 대한 이해 정도에 따라 제자들 사이에 급속히 분파가 생겨났다. 『순자』「유효」 편은 이들을 여섯 등급으로 나누었고, 구체적으로 제자들 이름을 거명해 자궁(子弓)을 공자의 정통으로, 자사와 맹자를 정통을 이해하지 못하고 잡학한 사람으로, 자장(子張)씨의 유는 말만 그럴듯하게 늘어놓은 자들로, 자하(子夏)씨의 유는 의관만 정제하고 있는 사람들로, 자유(子游)씨의 유는 염치를 모르는 사람들로 비판하기도 한다. 『한비자』「현학」 편엔 "공자가 죽은 뒤 자장의 유, 자사의 유, 안(顔)씨의 유, 맹(孟)씨의 유, 칠조(漆雕)씨의 유, 중량(仲良)씨의 유, 손(孫)씨의 유, 악정(樂正)씨의 유가 있었다"고 말한다. 이렇게 여러 분파로 나뉘었다는 사실은 유가가 쇠락했다기보다 발전했다는 징표이다. 즉, 이러한 분파 투쟁을 통해 이론적 성숙이 이루어질 수 있었던 것이다.」

02

漢昭烈이 將終에 勅後主 曰:「勿以善小以不爲하고 勿以惡小而爲之하라.」
한소열 장종 칙후주 왈 물이선소이불위 물이악소이위지

蜀(촉)의 昭烈帝(소열제)가 臨終(임종)에 後主(후주)인 아들 禪(선)에게 말하기를, "善이 작다고 해서 아니하지 말며, 惡이 작다고 해서 하지를 말라."고 하였다.

풀이

1) 漢昭烈(한소열): 촉한(蜀漢)의 昭烈帝. 姓(성)은 劉(유), 이름은 備(비), 字(자)는 玄德(현덕)이며, 昭烈(소열)은 諡號(시호)이다.
2) 勅(칙): ① 임금이 내리는 글. ② 경계함. 타이름. 勅書(칙서)는 임금이 특정인에게 권계(勸戒)의 뜻이나 알릴 일을 적어서 내리는 글. 勅書(칙서)는 중국 天子(천자)가 내린 詔書(조서)이고, 諸侯(제후)나 임금의 조서는 敎書(교서)라고 했다.
3) 將(장): 將은 "장차 장"으로 미래 시제를 나타낸다. ⓔ 將次(장차). 將來(장래).
4) 終(종): 終은 "마칠 종"으로 '죽다', '끝나다' 등의 다양한 의미로 쓰인다.
5) 後主(후주): 뒤를 이은 군주. 여기서는 昭烈帝의 아들 禪(선)을 말함. ↔ 先主(선주)
6) 以(이): '以(써 이)' 자는 주로 명사(구)의 앞 또는 뒤에 붙어서 "~로서"의 뜻을 가지는 수단과 방법을 나타내지만, 여기서의 '以'는 '까닭이' 자로, 뒤에 명사절을 받으면 "이유"를 나타낸다. 즉, '~까

닭에, ~이기 때문에' 등의 뜻이 된다. 이 문장에서도 '惡小'라는 명사절을 받아, '악이 적다는 이유로~, 악이 적기 때문에'의 뜻이 된다.

한자

漢(나라 한) 昭(밝을 소) 烈(세찰 열) 將(장차 장)
終(끝날 종) 勅(조서 칙) 後(뒤 후) 勿(말라 물)
而(말 이을 이) 惡(악할 악)

유비의 아들 유선의 이야기

劉備(유비)의 嫡長子(적장자) 劉禪(유선)의 兒名(아명)은 阿斗(아두)였다. 조자룡이 태자인 아두를 수많은 죽을 고비를 넘기고 전장에서 구해오자 유비가 '너 때문에 용맹한 장수를 잃을 뻔하였다'라고 땅바닥에 던져버렸다는 이야기는 소설 삼국지에서 볼 수 있다.

17세에 유비의 뒤를 이어 황제가 되고, 유비의 유언을 받든 승상 제갈량(諸葛亮)에게 내정과 외정을 총괄케 하고, 신료들을 감독하게 하였다. 제갈량 사후에는 장완(蔣琬), 비의(費禕), 강유(姜維) 등에게 국정을 맡기고 정치에 관여를 거의 하지 않으며, 말년에 권신 진지(陳祗)와 환관 황호(黃皓)를 총애하였다. 재위 40년째인 264년에 등애(鄧艾)의 기습 공격으로 수도인 성도(成都)가 위태로워지자, 그해 겨울에 魏(위)에 항복하였다.

촉한(蜀漢)이 멸망한 뒤에도 유선은 줄곧 성도(成都)에 머물고 있었다. 그러다가 종회(鍾會), 강유(姜維)의 병란이 일어나자 사마소(司馬昭)는 유선을 성도에 두었다가는 또 시끄러운 일이 생길지 모른다는 생각에 위(魏)나라의 낙양(洛陽)으로 데려왔다. 낙양(洛陽)에 압송되어 안락공(安樂公)에 봉해졌다. 그의 자손과 촉한 대신들 50여 명에게도 벼슬을 주었다. 사마소가 이렇게 후하게 대해 준 것은 민심을 농락하여 촉한 지역의 통치를 튼튼하게 하려는 데 그 목적이 있었다.

아명인 아두(阿斗)는 무능한 자를 가리키는 말로 지금도 흔히 쓰인다.

03

莊子 曰:「一日不念善이면 諸惡皆自起니라.」
장 자 왈 일 일 불 념 선 제 악 개 자 기

장자가 말하기를:「하루라도 善을 생각하지 않으면 모든 惡이 저절로 일어나느니라.」고 하였다.

풀이

1) 莊子(장자): 中國 春秋(춘추) 戰國時代(전국시대) 宋(송)나라 사람으로, 이름은 周(주), 호는 南華眞人(남화진인)이다. 老子(노자)의 無爲自然說(무위자연설)을 계승·발전시켜 老莊思想(노장사상) 즉, 道家思想(도가사상)을 이룩하였다.
2) 念(념): "~을 생각하다".
3) 諸(제): "모든, 여러" 등의 의미를 가지는 명사 앞에 놓여, 관형사로 쓰인다.
4) 皆(개): 모두. 전부.
5) 起(기): 일어나다. 날아오르다.

한자

莊(풀이 성할 장) 念(생각할 염) 善(착할 선) 諸(모두 제)
皆(모두 개) 自(스스로 자) 起(일어날 기)

莊子(장자)

장자의 성은 장(莊). 이름은 주(周). 송(宋)의 몽읍(蒙邑: 河南省商邱縣 근처) 출생. 정확한 생사연대는 미상이나 맹자(孟子)와 거의 비슷한 시대(기원전 369-286)에 활약한 것으로 전한다. 관영(官營)인 칠원(漆園)에서 일한 적도 있었으나, 그 이후는 평생 벼슬길에 들지 않았으며 10여 만 자에 이르는 저술을 완성하였다.

莊子는 노자(老子)의 "도(道)는 자연을 따르는 것"이라는 관점을 계승하고 발전시켰으며, "도는 무한한 것이며, 없는 곳이 없다"라고 생각하였다. 특히, 장자는 사물의 "자생자화(自生自化)"를 강조하였으며, 신(神)의 주재(主宰)를 부인하였다. 장자는, "도(道)란 한계나 차별이 없으며 모든 것은 하나다"라는 견해를 가지고 있었다. 그는 만물(萬物)이 시비(是非), 선악(善惡), 진위(眞僞), 생사(生死), 미추(美醜), 대소(大小), 빈부(貧富), 귀천(貴賤) 등을 초월하여 모두 같은 것이라 주장하였으며, "천지는 나와 함께 존재하며 만물은 나와 하나다"라는 주관으로 자연 그대로 살아가는 무위자연(無爲自然)을 제창하였다.

04

太公이 曰:「見善如渴하고 聞惡如聾하라. 又
태 공 왈 견 선 여 갈 문 악 여 롱 우

曰 善事란 須貪하고 惡事란 莫樂하라.」
왈 선 사 수 탐 악 사 막 락

太公이 말하기를:「착한 일을 하면 목마를 때 물 본 듯이 주저하지 말고, 악한 것을 들으면 귀머거리같이 하라.」고 하였다. 또 말하기를:「착한 일은 모름지기 탐을 내고, 악한 일은 즐겨하지 말라」고 하였다.

풀이

1) 太公(태공): 강태공. 성은 姜(강), 이름은 尙(상)으로 지금의 中國 山東省(산동성) 사람이다. 渭水(위수)라는 강가에서 낚시를 하다가 周(주)의 文王(문왕)에게 起用(기용)되어 殷(은)의 폭군 紂王(주왕)을 치고 천하를 통일한 정치가요 兵略家(병략가)이다. 太公望(태공망)이라고도 한다.
2) 聾(롱): 귀머거리. 어리석다. ⓔ 聾啞(농아)
3) 須(수): 모름지기 수. * 順(순): 따를 순.
4) 莫樂(막락): 즐겨하지 마라. 莫(말 막)은 "…하지 마라"의 뜻으로 금지사로 쓰이고 있다.

한자

如(같을 여) 渴(목마를 갈) 聞(들을 문) 聾(귀머거리 농)
事(일 시) 須(모름지기 수) 貪(욕심 탐) 見(견볼)
莫(말 막) 樂(즐거울 낙)

姜太公(강태공)과 낚시

낚시꾼의 대명사처럼 되어버린 강태공(姜太公)은 고대 중국 주(周)나라 문왕(文王) 때 지금의 중국 산둥성(山東省) 사람으로, 본명은 여상(呂尙)이었다. 위수(渭水)의 강가를 찾아 亂世(난세)를 걱정하고 天下(천하)의 經綸(경륜: 포부를 가지고 조직적으로 계획함)을 구상하며 자연 속에 파묻혀 유유자적 浩然之氣(호연지기)를 길렀는데, 그는 곧은 낚시로 물고기에는 마음이 없었고 오로지 冥想(명상)에 잠겨 있었다. 강태공은 周(주)의 文王(문왕)에 등용되어 정치에 크게 공헌하였다고 한다.

큰 인물이 될 만한 사람을 위빈지기(渭濱之器)라고 하는데, 이 뜻은 강태공이 위수 강가(濱: 물가 빈)에서 낚시를 하다가 문왕에게 登用(등용)되어 한 나라의 宰相(재상)이 된 데서 나온 말이다.

* 浩然之氣(호연지기)

≪孟子(맹자)≫ 公孫丑 上(공손추 상)에 보면 맹자의 제자 공손추가 不動心(부동심)에 대한 긴 이야기 끝에, "선생님은 어떤 점에 특히 뛰어나십니까?" 하고 묻자 맹자는, "나는 나의 호연지기(浩然之氣)를 잘 기르고 있다."고 대답했다. 그러자 공손추는 다시, "감히 무엇을 가리켜 浩然之氣라고 하는지 듣고 싶습니다." 하고 물었다. 맹자는 말로 표현하기 어렵다고 전제하고 다음과 같이 설명하고 있다. "그 기운 됨이 지극히 크고 지극히 강해서 그것을 올바르게 길러 상하게 하는 일이 없으면 하늘

과 땅 사이에 꽉 차게 된다. 그 기운 됨이 의와 도를 함께 짝하게 되어 있다. 의와 도가 없으면 그 기운은 그대로 시들어 없어지게 된다. 이것은 의를 쌓고 쌓아 생겨나는 것으로 하루아침에 의를 한다고 해서 얻어지는 것이 아니다. 일생생활에 조금이라도 양심에 개운치 못한 것이 있으면 그 기운은 곧 시들고 만다." 중국 哲學者(철학자) 馮友蘭(풍우란)이 호연지기를 해석한 바는 至大(지대) 至剛(지강)한 氣(기)이고, 일석(一石) 이희승씨는 도의에 뿌리를 박고, 공명정대하여 조금도 부끄러울 바가 없는 도덕적 용기, 하늘과 땅 사이에 넘치게 가득 찬 넓고도 큰 원기, 사물에서 해방되어 자유스럽고 유쾌한 마음 등으로 해석했다.

네이버 지식백과 한자성어 고사명언구사전

05

馬援이 曰:「終身行善이라도 善猶不足이요
마 원 왈 종 신 행 선 선 유 부 족

一日行惡이라도 惡自有餘니라.」
일 일 행 악 악 자 유 여

馬援이 말하기를:「한평생 착한 일을 하여도 그 착함이 오히려 부족하고, 단 하루 악을 행하여도 악은 절로 남음이 있다.」고 하였다.

풀이

1) 馬援(마원): 中國 後漢(후한) 때 사람으로 변방에서 많은 무공을 세운 장군으로, 伏波將軍(복파장군)이라고도 한다.
2) 猶(유): ① 오히려 유. ② 같을(如) 유.
3) 餘(여): 남을 여 ㉄ 餘暇(여가), 餘力(여력).

한자

馬(말 마)	援(당길 원)	終(끝날 종)	身(몸 신)
猶(마치 유)	足(넉넉할 족)	行(갈 행)	有(있을 유)
餘(남을 여)			

읽어보기 老益壯(노익장)

중국 後漢(후한) 광무제 때 반란이 일자 마원(馬援)이란 장수가 당장 진압하겠다며 나섰다. 나이가 너무 많다며 광무제가 말렸으나 마원은 "아직 갑옷을 입고 말을 탈 수 있으니 늙었다고 할 수 없다"며 호기롭게 출정했다. 광무제는 "이 노인이야말로 노당익장(老當益壯)이군"이라며 감탄했다. 나이 들어서도 기운과 의욕이 넘친다는 '老益壯(노익장)'의 유래다. 당시 마원의 나이 62세였다.

06

司馬溫公이 曰:「積金以遺子孫이라도 未必
사 마 온 공 　 왈 　 적 금 이 유 자 손 　 　 　 미 필
子孫이 能盡守요 積書以遺子孫이라도 未必
자 손 　 능 진 수 　 적 서 이 유 자 손 　 　 　 미 필
子孫이 能盡讀이니 不如積陰德於冥冥之中
자 손 　 능 진 독 　 　 불 여 적 음 덕 어 명 명 지 중
하여 以爲子孫之計也니라.」
이 위 자 손 지 계 야

司馬溫公이 말하기를:「돈은 모아서 자손에게 남겨 주더라도 자손이 반드시 이를 지킨다고 볼 수 없으며, 책을 모아서 자손에게 남겨주더라도 자손이 반드시 다 읽는다고 볼 수 없으니, 남모르는 가운데 음덕을 쌓음으로써 자손을 위한 계책으로 삼는 것만 같지 못하다.」라고 하였다.

풀이

1) 司馬溫公(사마온공): 이름은 光(광), 자는 君實(군실)로, 北宋(북송, 1019-1086년)의 정치가이며 학자이다. 저서에는 資治通鑑(자치통감) 등이 있다.
2) 遺(유): 끼칠 유. 줄 유. 남길 유.
3) 未必(미필): 은 부분 부정으로 "반드시 ~하는 것은 아니다"의 뜻.
4) 盡(진): 다되다. 정성을 다하다.
5) 冥(명): 어둡다. 冥冥: 겉으로 나타남이 없이 아득하고 그윽하다.
6) 爲(위): ① 하다. ② 위하다. ③ 되다. ④ ~로 삼다, ~로 여기다 등의 의미로 쓰인다. "以~爲~"는 ~로서 ~로 여기다. 즉 "~를 ~

로 삼다. 여기다"의 뜻이다. 그러나 "以爲子孫之計"에서의 "以爲"는 관용적인 표현으로 굳어져서 "~으로 여기다, ~으로 생각하다, ~으로 삼다"의 뜻으로 쓰이기도 한다.

7) 陰德(음덕): 남이 모르는 덕행.

8) 計(계): 꾀. 계략. 計略(계략). 計策(계책).

한자

溫(따듯할 온) 積(쌓을 적) 遺(남길 유) 孫(자손 손)
能(능하다 능) 盡(다될 진) 守(지킬 수) 書(쓸 서)
讀(읽을 독)

읽어보기 資治通鑑(자치통감) 이야기

청(淸)나라 말엽에 변법자강(變法自强)운동을 펼쳤던 양계초(梁啓超)는 ≪자치통감(資治通鑑)≫을 '제왕의 정치교과서'라고 딱 잘라 말한 일이 있다. 글자 그대로 본다면 ≪자치통감≫은 '잘 다스려지는 세상을 이룩하기 위한 밑천이 되는 통시대적인 거울'이라고 해석할 수 있으므로 이같이 말한 것이다. 즉, 이 책은 다른 역사책과 마찬가지로 과거에 인간들이 살아온 흔적을 기록한 것이지만, 그것에 머물지 않고 '치세(治世)의 방법'까지 찾아 낼 수 있는 책이라는 말로 해석된다.

중국에는 정사(正史)라고 것이 있다. 모두 25종으로 된 『이십오사(二十五史)』가 그것이다. 이것은 사마천(司馬遷)이 사기(史記) 이후에 청조(淸朝)까지의 한 왕조의 흥망성세를 다룬 역사의 기록이다.

이것들은 모두 정제된 기록이었다. 그렇지만 정제되었다고 하여도 시간이 지남에 따라 엄청난 분량이 쌓이게 되었다. 사마광이 『자치통감』을 완성한 후 송나라 신종(神宗)에게 올린 표문에는 이러한 문제의식이 잘 표현되어 있다.

늘 걱정하던 것은 司馬遷(사마천)의 ≪史記(사기)≫와 班固(반고)의 ≪漢書(한서)≫가 나온 이후로 역사책들이 번거로울 정도로 많다는 것이었습니다. 그러기에 아무런 벼슬 없이 포의(布衣)를 입고 사는 선비조차 이 많은 책을 두루 읽지 못하는 실정입니다. 그런데 하물며 인주(人主)께서는 하루에 만 가지의 일을 처리해야 하는데 어느 세월에 두루 읽겠습니까?

사실 司馬遷(사마천)이 『史記(사기)』를 편찬한 이후로 계속하여 정사(正史)가 출현하였고, 송(宋)나라 사마광(司馬光)이 살던 시대에 이르면 정사(正史)만 이미 17개가 나왔고, 그 분량은 1,651권이나 된다. 이렇게 많은 정사는 아무리 많은 금과옥조(金科玉條)가 들어 있다고 해도, 읽을 시간이 없는 사람들에게는 이미 시렁 위에 올려놓은 묵은 휴지더미나 다를 바가 없게 되었다. ≪자치통감≫의 저자 司馬光(사마광)은 전국시대부터 당(唐)나라 말기를 지나 오대(五代)가 끝나는 1,362년간(기원전 403년부터 서기 959년까지)의 긴 과정을 총 294권의 책으로 정리하였다. 그동안 나온 정사와 비교하여 보면 5분의 1밖에 안 되는 분량인 것이다. 기록하는 방법에서 『史記(사기)』 등의 기전체(紀傳體)

를 버리고, 시간의 흐름에 따라 기록하는 편년체(編年體)의 방법을 사용하였기 때문이다. 즉 인물 중심으로 기록하여 같은 내용을 중복하여 기록 할 수밖에 없는 기전체의 단점을 고쳐서 시간의 흐름에 따라 일어난 사건을 종합적으로 기록한 것이다. 이러한 방법은 역사를 마치 대하소설처럼 읽을 수 있도록 만들어서 독자들을 흡인하는 역할까지 하였다.

네이버 인터넷 '중국의 고전을 읽는다'에서 발췌 정리

07

景行綠에 曰: 「恩義를 廣施하라 人生何處不
경 행 록 　 왈 　 은 의 　 광 시 　 　 인 생 하 처 불

相逢이라. 讐怨을 莫結하라 路逢狹處면 難回
상 봉 　 　 수 원 　 막 결 　 　 로 봉 협 처 　 난 회

避니라.」
피

景行錄에 이르기를: 「은혜와 의리를 넓게 베풀어라. 사람이 살아가면서 어느 곳에서 서로 만나지 않겠는가? 원수와 원한을 맺지 마라. 길 좁은 곳에서 만나면 피하기 어렵다.」 하였다.

풀이

1) 景行錄(경행록): 中國 宋(송)나라 때의 책 이름.
2) 何(하): 어찌. 무엇.
3) 處(처): 살다. 머물러 있다. 곳.
4) 人生(인생): 여기서는 "사람이 세상에 살아감"으로 해석함이 타당할 것이다.
5) 逢(봉): 만나다. 맞이하다.
6) 讐怨(수원): 讐, 원수. 怨, 원망하다, 미워하다. 怨讐(원수)와 그 뜻이 같다.
7) 莫(막): 없다. 말다.
8) 狹(협): 좁다. ㉕ 狹小(협소)
9) 難(난): 어렵다. 근심.
10) 避(피): 피하다. 숨다.

한자

錄(기록할 록) 恩(은혜 은) 義(옳을 의) 廣(넓을 광)
施(베풀 시) 處(살 처) 相(서로 상) 逢(만날 봉)
讐(원수 수)

얼굴 없는 천사

대승불교는 무주상보시(無住相布施)를 강조한다. 무주상보시는 금강경에 나오는 용어로, 어떠한 집착도 없이 베푸는 것을 말한다. '내가' '무엇을' '누구에게' 베풀었다라는 자의식 없이 온전한 자비심으로 베푸는 것이다. 기독교 성경에도 비슷한 취지의 말씀이 나온다. "너는 구제할 때에 네 오른손이 하는 일을 왼손이 모르게 해야 한다."(마태복음) 보상을 바라고 행한 보시나 선행이라면 그 '의도'가 순수하지 못하므로 '하늘'이 복을 내릴 리가 만무하다. 그러나 아무 사심 없이 베푼 선행은 반드시 보상을 받게 된다는 게 '선행의 역설'이라고 할까. 금강경 속의 부처님 말씀. "무주상보시(無住相布施)의 공덕은 동서남북 사유상하 온 허공에 일곱 가지 보석으로 가득 보시하는 것보다 더 큰 복덕을 누린다." 예수님도 보상을 약속했다. "네 자선을 숨겨 두어라. 그러면 은밀한 일도 보시는 네 아버지께서 갚아 주실 것이다." 동양 고전 '≪열자(列子)≫'도 음덕양보(陰德陽報)를 분명히 했다. "은혜를 베푸는 자가 안으로 자기를 보지 않고 밖으로 남을 보지 않으면 한 말의 곡식을 베풀어도 만종(萬鍾: 후한 봉록)의 은혜를 베푼 것이며, 남을 이롭게 하는 자가 베풂을

계산하고 그 갚음을 따지면 비록 백일(百鎰·3천 냥)을 베풀어도 한 푼의 공도 이루기 어렵다." 며칠 전 서울 명동 입구에 설치된 구세군 자선냄비 모금함에 익명의 후원자가 1억 570만 원 권 수표를 후원했다는 소식이 전해졌다. '신월동 주민'이라고만 밝힌 편지에는 '부모님의 유지를 받들어 작은 씨앗 하나를 구세군의 거룩하고 숭고한 숲 속에 띄워 보낸다'고 적혀 있었다. 착한 마음씨만큼이나 글 솜씨도 일품이다. 유례없는 12월 한파에 세상은 꽁꽁 얼어붙었지만 잇따라 들려오는 '남몰래 선행' 소식은 아직도 우리 사회에 온정의 불씨가 꺼지지 않았음을 새삼 일깨워준다. '얼굴 없는 천사'들에게 복덕이 가득하기를!

부산일보(2012.12.13) 윤현주 논설위원

08

莊子 曰: 「於我善者도 我亦善之하고, 於我惡
장 자 왈 어 아 선 자 아 역 선 지 어 아 악

者도 我亦善之하라. 我旣於人에 無惡이면 人
자 아 역 선 지 아 기 어 인 무 악 인

能於我에 無惡哉인저.」
능 어 아 무 악 재

莊子가 말하기를: 「나에게 착하게 하는 자에게 나 또한 착하게 대하고, 나에게 악하게 하는 자에게도 나 또한 착하게 대할 것이다. 내가 이미 남에게 악하게 하지 않았으며 남도 나에게 (마땅히) 악하게 하는 일이 없을 것이다.」라고 하였다.

풀이

1) 於(어): 일반적으로 '於' 자는 어조사(전치사)로 '~에게', '~에서', '~보다' 등의 의미로 쓰인다. 여기서는 '對(대)' 즉 동작의 대상을 나타내는 '~에게'의 의미로 쓰였다. 예를 들어 "始吾於人也, 聽其言而觀其行. (처음에 내가 사람에게 그 말을 듣고 행실을 믿었다) -論語 公冶長-"의 쓰임과 같다.

2) 善(선): 착하다. 여기서의 '善'은 동사로 쓰였다. "~을 선하게 여기다. ~을 선하게 대하다"의 의미를 가진다.

3) 能(능): 능하다. 잘하다. ㉾ 才能(재능), 能力(능력). 여기서는 '잘 할 수 있다', '할 수 있을 것이다'의 의미를 가지는 助動詞(조동사)로 쓰였다.

4) 哉(재): 어조사 재. 감탄형 종결 어조사이다.

한자

於(어조사 어)　我(나 아)　善(착할 선)　亦(또 역)

旣(이미 기)　無(없을 무)　惡(악할 악)　能(능할 능)

알아보기 莊子(장자)

앞에서 이미 언급한 것처럼, 莊子(장자)에 대한 상세한 기록은 없다. 사마천의 史記(사기)에 다음과 같은 기록을 볼 수 있다.

「莊子(장자)는 몽(蒙) 지방 사람으로 이름은 주(周)이다. 주는 일찍이 몽 지방의 칠원(漆園)이라는 고을에서 관리를 지냈는데, 양 혜왕(梁惠王), 제 선왕(齊宣王)과 같은 시대 사람이었다. 그는 박학하여 통달하지 않은 것이 없었지만, 그의 학문은 노자의 학설을 근본으로 하고 있다. 10여 만 자나 되는 그의 저서는 대체로 우언(寓言)으로 되어 있다. 漁父(어부), 盜跖(도척), 胠篋(거협)편 등을 지어 공자(孔子)의 무리들을 폄하하였고 노자의 학설을 천명했다. 畏累虛(외루허), 亢桑子(항상자) 등편은 모두 사실이 아닌 허구이지만, 문장력이 뛰어나고 사물에 대한 비유를 들어 儒家(유가)와 墨家(묵가)를 깎아내렸다. 비록 당대의 대학자라고 하더라도 그의 공격을 피할 길이 없었다. 그의 언사는 거리낌이 없고 자기 마음대로였으므로, 제후들에게 중용을 받지 못했다.

楚(초)나라 위왕(威王)은 장주(莊周)가 현인이라는 말을 듣고 후한 예물로 그를 맞아들여 재상으로 삼으려고 사신을 보냈다. 그러나 장주는 웃으며 사신에게 이렇게 말했다. "천금(千金)이라면 막대한 돈이며 재상이라면 존귀한 지위이지만, 그대는 祭祀(제사)에 제물로 바쳐지는 소를 보지 못했는가? 그 소는 몇 년 동안 사육되다 수놓은 옷이 입혀져 祠堂(사당)으로 끌려 들어가는데, 그때 가서 하찮은 돼지가 되겠다고 해서 그렇게 될 수가 있겠소? 그대는 빨리 돌아가 나를 더 이상 욕되게 하지 마시오. 나는 차라리 더러운 시궁창에서 노닐며 즐거워할지언정 나라를 가진 제후들에게 구속당하지는 않을 것이오. 죽을 때까지 벼슬하지 않고 나의 마음을 즐겁게 하고자 하오."」

09

東岳聖帝垂訓에 曰: 「一日行善이라도 福雖
동 악 성 제 수 훈　 왈　 일 일 행 선　　　 복 수
未至나 禍自遠矣오. 一日行惡이라도 禍雖未
미 지　 화 자 원 의　 일 일 행 악　　　 화 수 미
至나 福自遠矣니 行善之人은 如春園之草하
지　 복 자 원 의　 행 선 지 인　 여 춘 원 지 초
여 不見其長이라도 日有所增하고 行惡之人
불 견 기 장　　　 일 유 소 증　　　 행 악 지 인
은 如磨刀之石하여 不見其損이라도 日有所
여 마 도 지 석　　 불 견 기 손　　　 일 유 소
虧니라.」
휴

東岳聖帝 垂訓에 이르기를: 「하루라도 착한 일을 행했어도 복이 비록 이르지 않는다고 할지라도 화는 스스로 멀어지며, 하루라도 악한 일을 행했어도 화는 비록 이르지 아니하나 복은 스스로 멀어지리라. 착한 일을 행하는 사람은 봄 동산의 풀과 같아서 그 자라나는 것은 볼 수는 없지만 날마다 더하는 바가 있고, 악을 행하는 사람은 칼을 가는 숫돌과 같아서 갈리어 닳아 없어지는 것이 보이지 않더라도 날이 갈수록 닳아 없어진다.」라고 하였다.

풀이

1) 東岳聖帝(동악성제): 道家(도가)의 神(신)인 泰山府君(태산부군)으로 東岳廟(동악묘)의 主神이다. 중국의 오악(五岳) 중에서도 으뜸으로 꼽히는 곳으로, 예로부터 중국인들이 가장 성스럽게 여겼던

산이다. 이런 상징성 때문에 역대 제왕들은 이곳에서 하늘에 제사를 지내는 봉선의식을 거행했다. 기원전 219년 秦(진)나라 시황제(始皇帝)를 시작으로 한(漢)나라 무제(武帝)를 포함 많은 제왕들이 이곳에서 封禪(봉선: 단을 쌓아 하늘과 산에 제사를 올림) 의식을 치렀다. 특히 한나라 무제는 5번, 淸(청)나라 건륭제는 11번이나 봉선의식을 행했다고 한다. 五岳(오악)은 북악 항산(恒山), 서악 화산(華(화)山), 중악 숭산(嵩山), 동악 태산(泰山), 남악 형산(衡山)을 말함이다.

2) 垂訓(수훈): 훈계를 내림. 가르침. 후세에 전하는 교훈. 여기서는 책 이름으로 쓰였다.

3) 雖(수): 비록 수. '비록 ~하지만'의 의미로 해석되는 접속사로 쓰였다.

4) 遠(원): '멀다' 등의 의미를 가지지만, 여기서 '멀어지다'의 동사로 쓰였다.

5) 矣(의): 어조사. '矣'는 평서문의 종결형 어기조사인데, 주로 단정, 결과, 확정 등의 뜻을 내포하고 확신을 가지고 말할 때 쓰이는 종결형 어기조사이다.

6) 長(장): '자라다', '길다' 등의 의미와 '校長(교장)'. '長官(장관)' 등과 같이 '어른 장' 등의 다양한 의미로 쓰인다. 여기서는 '자라다'의 의미를 가진다.

7) 損(손): '덜다', '줄이다', '감소하다' 등의 의미를 가진다.

8) 虧(휴): '이지러지다', '한 부분이 떨어져 없어지다' 등의 의미를 가진다.

9) 所(소): '바 소', '것 소', '곳 소(장소)' 등의 의미를 나타내는 글자인데, 여기서는 '所+동사'의 형식으로, 여기서의 '所'는 뒤의 '동사'를 명사화시키는 기능을 한다. 그래서 '日有所增'에서 동사 '增(증)'은 '所' 자와 함께 쓰여 '늘어나는 현상'의 의미를 가지는 명사구가 되는 것이다. 여기서의 '有' 자는 '발생하다' 등의 의미를 가지는 동사이다. 예를 들어 '우리의 所願은 統一'을 해석하면 '우리가 원하는 것(바)는 통일이다' 또는 '우리의 바람은 하나가 되는 것이다'라고 풀이할 수 있을 것이다.

한자

岳(큰 산 악)	聖(성스러울 성)	垂(드리울 수)	福(복 복)
訓(가르칠 훈)	雖(비록 수)	遠(멀 원)	矣(어조사 의)
禍(재앙 화)	草(풀 초)	長(자랄 장)	所(바 소)
增(붙을 증)	磨(갈다 마)	見(볼 견)	損(덜 손)
其(그 기)	虧(이지러질 휴)		

더 알아보기 道家(도가)와 道教(도교)

道敎(도교)는 중국 고대 신선(神仙)사상을 기반으로 자연 발생하여, 거기에 노장(老莊)사상·유가(儒家)·불교佛敎 그리고 통속적인 여러 신앙 요소들을 받아 들여 형성된 중국의 토착 종교이다. 신선설은 중국 고대에 있었던 산악신앙(山嶽信仰)과 깊은 관계가 있다. 여기에 중국 종교의 원초적 형태인 무술(巫術)·자연숭배 등이 혼합되어, 사람의 힘이 미치지 못하는 모든 문제를 해결한다는 방술(方術: 방사가 행하는 술법)이 생겨났다. 이 방술은 전국(戰國)시대에 이미 성립되어 민간에도 널리 알려져 있었다. 방술을 행사하는 사람을 방사(方士)라고 하는데, 방사가 제왕과 밀접하게 된 것은 진시황(秦始皇) 때부터였고, 한무제(漢武帝) 때에는 제왕 측근에서 거의 떠나지 않을 정도였으므로 방술은 상층사회에 굳게 뿌리 내리게 되었다. 한편, 신선설이나 방술은 호소할 곳 없는 일반 백성들의 마음까지 사로잡기에 이르러 종교적인 힘을 발휘하는 방향으로 변천하였다.

前漢(전한) 말부터 전설의 임금인 황제(黃帝)와 ≪도덕경≫의 저자로 전해지는 노자(老子)가 초인적인 존재로 여겨지고 신선으로 꼽혀 황로신앙(黃老信仰)이 대두하였다. 방사들의 조직적인 선전과 참위설(讖緯說: 음양오행설에 의하여 인간 사회의 길흉화복을 예언하던 학설)의 유행이 황로신앙을 가열시켰다.

도교(道敎)가 종교의 형태로 형성되기 이전에 이미 老子(노자)의 ≪道德經(도덕경)≫과 장자 등에 드러나 있는 도가사상은 존재하고 있었다. 일반적으로 도교(道敎)와 도가(道家)사상을 혼동하는 경우가 많다.

道敎(도교)와 道家(도가)사상은 밀접한 관계가 있지만, 도교는 어디까지나 宗敎(종교)이므로 근본적으로는 도가사상과 뚜렷하게 구별되어야 한다. 도교는 본래 피안(彼岸: 현실적으로 존재하지 아니하는 관념적으로 생각해 낸 현실 밖의 세계)의 관념이 의외로 희박하고, 오히려 현세의 길복(吉福)을 추구하는 것이 특징이기 때문에 종교로서의 이론을 보강할 필요가 생겼던 것이고, 그러한 요구를 충족시키는 방편으로 도가의 사상이나 그 논리를 받아들이게 되었으므로 도교와 도가사상은 그 관계가 밀접해졌다.

道敎(도교)는 마치 큰 바다가 작고 큰 물줄기들을 두루 받아들이는 것같이, 온갖 종교·사상·풍속 등을 자체에 편리하게 흡수, 조절하는 특이한 성질을 지니고 변천해 왔다. 도가사상은 도교가 흡수, 조절한 주요한 사상의 하나이지, 본래부터 도교가 곧 도가사상이었던 것은 결코 아니다. 도가사상은 도교가 그 사상과 논리를 흡수한 이후에도 사상·문학·예술 등 각 방면에 작용하면서 독자적으로 전개되었다.

네이버 한국민족문화대백과 발췌 정리

10

子曰:「見善如不及하고, 見不善如探湯하라.」
자 왈 견선여불급 견불선여탐탕

孔子가 말씀하시기를:「착한 것을 보거든 아직도 부족한 것과 같이 하고, 악한 것을 보거든 끊는 물을 만지는 것과 같이 하라.」고 하셨다.

풀이

1) 及(급): 미치다. 이르다.
2) 不及(불급): 미치지 못함. 할수록 부족함.
3) 探(탐): 찾다. ㉮ 探索(탐색). 探險(탐험)
4) 湯(탕): '목욕탕' '설렁탕' 등에서처럼 뜨거운 물(국) 등의 다양한 의미를 가지는 글자이다. 이에 '探湯(탐탕)'은 끊는 물을 손으로 더듬는다는 뜻으로, '두려워하다'로 해석되어야 할 것이다.

한자

見(볼 견) 善(착할 선) 如(같을 여) 及(미치다 급)
探(찾을 탐) 湯(탕국 탕)

깊이보기 공자의 仁(인)

"살신성인(殺身成仁; 자기의 몸을 희생하여 仁을 이룸)한다"는 표현에서 알 수 있듯이, 仁은 쉽게 이룰 수 없는 최고의 덕목이다. 또한 仁은 모든 덕목을 포괄하는 완전한 덕(德)에 대한 이름이다. 공자는 자신의 입으로 '仁'에 대해서 명확하게 설명하지 않았다. 논어에서 대체적으로 제자가 '仁'에 대해서 설명을 요구하면, 그 때의 상황과 제자들의 성품 또는 능력을 살핀 후, 적절하게 대답하고 있음을 볼 수 있다.

제자인 번지(樊遲)가 '仁'을 묻자, 「仁이란 어려움을 남보다 앞장서서 치르고 보답은 남보다 뒤에 받으면 '仁'이라고 할 수 있다(樊遲 問仁 曰: "仁者先難而後獲, 可謂仁矣")」.

또 안연(顔淵)이 '仁'을 묻자, 「사심을 극복하고 예를 실천하는 것이 仁이다.(克己復禮爲仁)」라고 하셨다. 이에 자세히 알려달라고 하자 공자는 「禮가 아닌 것은 보지도 말고, 禮가 아닌 것은 듣지도 말고, 禮가 아닌 것은 말하지도 말고, 禮가 아닌 것은 행하지도 말라(非禮勿視, 非禮勿聽, 非禮勿言, 非禮勿動)」하셨다.

제자 중궁(仲宮)이 仁을 물으니, 「문밖을 나서면 항상 큰 손님을 접대하듯 하고, 백성을 부릴 때는 항상 큰 제사를 받들 듯 하는 것이다. 내가 원하지 않는 바를 남에게 강요하지 않는 것이다(己所不欲, 勿施於人). 그리고 나라 안에서든 집안에서든 원망을 입지 않을 것이다(出門如見大賓, 使民如承大祭. 己所不欲, 勿施於人. 在邦無怨, 在家無怨.)라고 하셨다.

번지(樊遲)가 또 묻자 공자는 「사람을 사랑하는 것이다(愛人)」라고 하셨고, 나중에 또 묻자, 공자는 「겸손하고, 공경하고, 최신을 다하는 것이다(居處恭, 執事敬, 與人忠)」라고 대답하셨다.

제자 재여(宰予)가 3년 상(喪) 기간이 너무 길다고 하자 공자는 그를 「불인(不仁)하다」 하셨다. 이와 같이 공자는 효(孝) 또한 仁으로 설명하고 있다.

“극기복례(克己復禮)”, “살신성인(殺身成仁)” 등의 표현에서 알 수 있듯이, 인(仁)은 쉽게 이룰 수 없는 최고의 덕목(德目)이고 또한 仁은 모든 덕목을 포괄하는 완전한 덕행(德行)이다. 그래서 공자는 당시 누구에 대해서도 ‘인(仁)’의 경지를 인정한 적이 없었고 공자 자신도 그 경지를 자처하지 않았다. 오로지 ‘仁(인), 義(의), 禮(예), 知(지), 忠(충), 信(신), 孝(효), 悌(제)를 실천하고 또 실천하는 길이다.

二. 天命篇

01

子曰: 「順天者는 存하고 逆天者는 亡이니라.」

자 왈　순 천 자　존　역 천 자　망

孔子가 말씀하시기를: 「하늘에 순종하는 자는 살고, 하늘을 거역하는 자는 망한다.」고 하셨다.

풀이

1) 順(순): 따르다. 순종하다.
2) 存(존): 있다. 살다.
3) 逆(역): 거스르다. 배반하다.
4) 亡(망): 망하다. 죽다.

한자

順(따를 순)　者(놈 자)　存(있을 존)　逆(거스를 역)
亡(죽을 망)

삼국지연의(三國志演義)와 삼국지(三國志)

≪三國志演義≫의 원래 이름은 ≪三國志通俗演義(삼국지통

속연의)≫이다. "三國志演義"의 내용은 후한(後漢) 중편 원년(184)에서 진(晋)의 무제(武帝)의 태강 원년(280)까지 97년간에 걸친 전쟁과 정치의 이야기인데, 이는 중국 최초의 본격적인 역사소설로 평가받고 있다(여기서"연의(演義)"란 사실을 부연하였다는 뜻이다).

저자 나관중(羅貫中)은 민간에 전해 내려온 삼국지의 이야기를 역사책(史書)에 의거하여 검토, 현저하게 사실과 다른 곳은 바로잡고, 미신적 요소나 지나치게 황당무계한 것은 신중히 삭제하였다. 그리고 종래에 서민적인 생리와 욕구를 충족시켜 온 영웅들의 초인적인 활약상 등, 피가 되고 살이 될 만한 대문은 이를 대담하게 흡수하여 더욱 발전시켜 이 "삼국지연의"를 완성하였다.

羅貫中은 14세기 말(元나라 말~明나라 초기)의 사람이라는 사실 외에는 출생 연도와 그의 자세한 행적은 오늘날 기록으로는 남아있지 않다. 그의 성은 羅, 이름은 本, 자는 貫中이라는 것이 통설이지만 이름은 관, 字는 本中이라는 說도 있고 어떤 책에는 "道本(도본)"이라는 것도 있다.

≪三國志(삼국지)≫는 위(魏), 촉(蜀), 오(吳)의 역사를 국가 별로 정리한 역사책(正史)으로, 진(晋)이 오(吳)를 멸하고 통일한(280)후 5년 되는 285년에 진수(陳壽, 233-297)에 의해서 本書가 성립되었다. 총 65권으로서 각각 위지(魏志) 30권, 촉지(蜀志) 15권, 오지(吳志) 20권으로 되어 있다.

※ 도원결의(桃園結義)

적어도 삼국지 정사(正史)에는 나와 있지 않은 부분이다. 삼국지 촉서 선주전(先主傳:유비)에는 언급조차 없고 관우전(關羽傳), 장비전(張飛傳)에만 단지 "유비는 잠잘 때도 두 사람과 함께 했으며 정은 형제와 같았다.", "관우가 연장자였으므로 장비는 그를 형처럼 대우했다." 정도로만 기술되어 있을 뿐으로, 복숭아 밭(桃園)에서 의형제를 맺었다(結義)는 내용은 없다. 작가가 극적 효과를 위해서 예부터 전해 내려오는 민간 설화 등을 참고로 하여 지어낸 상상의 결과일 가능성이 높다.

02

康節邵先生이 曰:「天聽이 寂無音하니 蒼蒼
강절소선생 왈 천청 적무음 창창
何處尋고 非高亦非遠이라 都只在人心이니
하처심 비고역비원 도지재인심
라.」

康節邵 선생이 말하기를:「하늘의 들으심이 고요하여 소리가 없으니 푸르고 푸른데 어느 곳을 찾을 것인가? 높지도 않고 또 멀지도 않은지라 모두가 오직 사람의 마음에 있는 것이다.」라고 했다.

풀이

1) 康節邵(강절소): 성은 邵(소), 이름은 雍(옹)으로, 康節(강절)은 시호(諡號)이다. 중국 宋代(송대)의 儒學者(유학자)이다.
2) 聽(청): 듣다. 天聽: 하늘의 들으심(上天之聽聞).
3) 寂(적): 고요하다. 평온하다.
4) 蒼(창): 푸르다. 우거지다. 蒼蒼(창창): ① 앞길이 멀어서 아득하다. ② 바다, 하늘, 호수 따위가 매우 푸르다. ③ 나무나 숲이 짙푸르게 무성하다.
5) 尋(심): 찾다. 생각하다.
6) 都(도): '도읍 도'의 글자지만, 여기서는 부사 '모두, 다'의 의미를 가진다.

한자

康(편안할 강)	節(마디 절)	邵(고을 이름 소)	聽(들을 청)
寂(고요할 적)	音(소이 음)	無(없을 무)	蒼(푸를 창)
何(무엇 하)	處(살 처)	尋(찾을 심)	非(나닐 비)
高(높을 고)	遠(멀 원)	都(모두 도)	只(다만 지)

알아보기 공자의 義(의)

사전에서의 '義'에 대한 풀이가 실로 다양하다. '옳다', '바르다', '선량하다' 등에서 심지어는 '義眼(의안)', '義齒(의치)', '義足(의족)' 등처럼 '가짜'라는 의미로도 쓰인다. '義'라는 글자는 '羊(양)'과 '我(아)'의 글자가 합쳐진 會意(회의)의 글자다. '我(아)'는 두 개의 '戈(과)'로 이루어진 글자다. '我' 본래는 '병기'이고 의장용으로 쓰이는 창(槍)이다. 이에 '義'는 '羊(양)'을 '희생의 제물'을 뜻하는 글자로, '옳음을 위하여 죽다'에서 '옳다', '바르다'의 의미로 확대되어 쓰인 글자다.

儒家(유가)에서는 '義'를 '仁(인)', '禮(예)', '智(지)', '信(신)'과 함께 '五常(오상: 사람이 지켜야 할 다섯 가지의 떳떳한 도리(道理)'이라고 하여, 인간이 지켜야할 德目(덕목)의 하나로 삼고 있다. '論語(논어)' 孔子는 가장 기본적인 개념으로서의 도의(道義)라는 뜻과, 君子(군자)의 자질로서의 의로움, 특히 利益(이익)과 관련 되었을 때의 상대적 개념으로서의 이로움 등으로 분석 된다. 그리고 의를 좋아해야 할 뿐 아니라, 일을 처리함에 있어 언제나 의(義)를 염두에 두고 실천할 것을 강조하고 있다.

孔子는 「군자는 義를 바탕으로 삼아야 한다.(君子義以爲質)」라고 했으며, 「'利(이)'를 보면 의로움을 생각하라.(見利思義)」 고 하였으며, 「마땅히 해야 할 의로운 일을 보고도 행하지 않는 것은 용기가 없는 것이다.(見義不義, 無勇也)」이라고 하였으며, 「君子(군자)는 義에 밝고 小人(소인)은 利(이)에 밝다.(君子喩於義, 小人喩於利)」라고 하였다. 제자 子路(자로)가 「군자는 勇(용)을 숭상합니까?」 하고 물으니, 공자는 「君子(군자)는 의로움을 최상으로 삼아야 한다. 군자가 용기만 있고 의로움이 없으면 난을 일으키고, 소인이 용기만 있고 의로움이 없으면 도적이 된다.(子路曰: "君子尙勇乎?" 子曰: "君子義以爲上. 君子有勇而無義爲亂, 小人有勇而無義爲盜")」라고 하였다.

유가(儒家)의 학설을 계승·발전시킨 맹자는 「仁은 인간이 간직해야 하는 마음이고, '義'는 인간이 걸어가야할 길이다(仁人心也, 義人路也).」라고 하였다. 맹자의 말씀대로 사람의 본성은 본시 착하기 때문에 우리의 마음속에는 언제나 '仁'의 심성이 흐르고, '義'를 행하려는 마음가짐을 언제나 간직하고 있고, 실천하고자 노력하는 것이리라!

03

玄帝垂訓에 曰:「人間私語라도 天聽은 若雷
현 제 수 훈 왈 인 간 시 이 천 청 약 뢰
하고, 暗室欺心이라도 神目은 如電이니라.」
암 실 기 심 신 목 여 전

玄帝 垂訓에 이르기를:「사람의 사사로운 말도 하늘의 들으심은 천둥소리와 같고, 어두운 방에서 마음을 속여도 신의 눈은 번개와 같다.」고 하였다.

풀이

1) 玄帝(현제): 도교의 신. 天帝(천제). * '天帝' '玄帝'란 우리말로 '하느님'이다. 우주를 창조하고 다스린다고 믿어지는 초자연적인 절대자이다. 上帝(상제), 天公(천공), 上玄(상현) 등으로도 불린다.
2) 私(사): '개인', '홀로' 등의 의미를 가진다. 私生活(사생활)
3) 聽(청): 듣다. 聽聞會(청문회).
4) 若雷(약뢰): 천둥소리와 같다. 천둥소리처럼 크게 들림. '若'은 '같다'는 의미이고, '雷'는 '천둥', '우레'이다.
5) 暗(암): 어둡다. 몰래.
6) 欺(기): '欺'는 '속이다', '거짓'의 글자다. 欺心(기심); '양심을 속이다', '양심에 어긋나는 짓을 하다'의 의미를 가진다.
7) 神(신): 귀신. 정신. 혼. * 종교의 대상으로 초인간적, 초자연적 위력을 가지고 인간에게 화복을 내린다고 믿어지는 존재. 鬼神(귀신): 사람이 죽은 뒤에 남는다는 넋
8) 目(목): 눈. 보다.

9) 電(전): '번개'를 나타내는 글자인데, 여기서는 '빠르다'의 의미로 쓰였다.

한자

玄(하늘 현)	帝(임금 제)	垂(드리울 수)	訓(가르칠 훈)
間(틈 간)	私(개인 사)	語(말씀 어)	聽(들을 청)
若(같을 약)	雷(우레 뢰)	暗(어두울 암)	室(집 실)
欺(속일 기)	神(귀신 신)	目(눈 목)	如(같을 여)
電(번개 전)			

읽어보기

하늘은 말이 없다. 그러면서도 우주와 자연을 다스리고 만물을 기른다. 그리고 선을 행하는 사람에게 반드시 복을 내리고, 악을 행하는 사람에게는 반드시 재앙을 내린다.

하늘은 어디에 있을까? 저 먼 하늘은 오직 푸르기만 하고 언제나 그대로이다. 하늘은 저 높은 곳에 있는 것도 아니다. 하늘은 자신의 양심이고 마음인 것이다. 사람이 가지는 바른 양심이 곧 하늘의 마음인 것이다. 양심에 반한 일을 하면 하늘이 노랗게 보이고 편치가 않은 것은 바로 그 때문일 것이다. 사람의 마음이 바로 하늘이고 宇宙(우주)인 것이다.

선한 마음으로 꾸준히 가꾸어나가고 또 바르게 살려고 노력을 한다면 우선 자신의 마음이 편하고, 세상의 모든 것이 아름답게 보일 것이다. 세상은 속여도 자신의 양심은 속이지 못하는 법이다.

04

益智書에 云하되:「惡罐이 若滿이면 天必誅
익 지 서 운 악 관 약 만 천 필 주
之니라.」
지

益智書에 이르기를:「나쁜 마음이 가득 차면 하늘은 반드시 이를 벌할 것이다.」라고 하였다.

풀이

1) 益智書(익지서): 중국 宋代(송대)의 책 이름.
2) 관(罐) :두레박. 항아리. * 惡罐: '악관'은 글자 그대로 '악을 담는 항아리', '악을 담아두는 그릇'이라는 뜻이다. '罐'을 '(심)'으로 바꾼다면 '악심(惡心)'이 된다. 즉 '惡罐'은 '악한 마음'을 비유한 것이다.
3) 만(滿): 가득 차다. 넉넉하다.
4) 誅(주): 베다. 죄인을 죽이다.

한자

益(더할 익) 智(슬기 지) 書(책 서) 云(이를 운)
惡(악할 악) 罐(두레박 관) 若(만일 만) 滿(찰 滿)
必(반드시 필) 誅(벨 주)

읽어보기

마음은 그 사람의 생각이 담기는 그릇이다. 그 그릇에는 선한 생각을 담을 수도 있고, 악한 마음을 담을 수도 있다. 그런데 악한 마음이 쌓이고 쌓여 넘친다면 자신도 도저히 주체를 할 수가 없어 스스로 무너져 버리는 것이다.

그러므로 이 마음에는 언제나 착한 생각과 착한 행위만을 꽉 채우도록 해야 할 것이다.

법구경(法句經)에 다음과 같은 말이 있다.

> 악(惡)의 열매가 익기 전에는 악한 사람도 복(福)을 받는다.
> 그러나 악의 열매가 익을 때에는 악한 사람은 죄(罪)를 받는다.
> 선(善)의 열매가 익기 전에는 선한 사람도 죄(罪)을 받는다.
> 그러나 선의 열매가 익을 때에는 선한 사람은 복(福)을 받는다.

※ 법구경(法句經) : 인도의 승려 법구(法救)가 인생에 지침이 될 만큼 좋은 시구(詩句)들을 모아 엮은 경전.

05

莊子 曰:「惡人이 作不善하여 得顯名者는 人
장 자 왈 악 인 작 불 선 득 현 명 자 인
雖不害나 天必戮之니라.」
수 불 해 천 필 육 지

莊子가 말하기를:「만일 사람이 착하지 못한 일을 하여 이름을 세상에 나타낸 자는, 사람이 비록 해하지 못하나 하늘이 반드시 벌할 것이다.」라고 하였다.

풀이

1) 득(得): 얻다. 이득. 이익.
2) 현(顯): 드러나다. 나타나다. 顯名(현명); 큰 업적으로 이름이 세상에 알려짐. 세상에 나타난 명성.
3) 해(害): 해치다. 방해하다.
4) 육(戮): 죽이다. 육시하다.

한자

莊(풀성 할 장) 雖(비록 수) 作(지을 작) 名(이름 명)

조선시대의 형벌

회초리로 때리는 태형(笞刑), 곤장으로 때리는 장형(杖刑), 징역형인 도형(徒刑), 귀양을 보내는 유형(流刑), 생명형인 사형(死刑) 등 5형이 기본이었다. 사형은 목을 졸라 죽이는 교형(絞刑)과 목을 자르는 참형(斬刑)으로 나뉘었다. 대역죄(大逆罪)나 인륜(人倫)을 심각하게 거스른 죄인은 몸뚱이를 다섯으로 나누는 오살(五殺)과 육시(戮屍), 팔과 다리를 각각 다른 수레에 매달아 찢어 죽이는 거열(車裂)에 처했다.

06

種瓜得瓜요 種豆得豆니, 天網恢恢하여 疎而不漏니라.
종과득과 종두득두 천망회회 소이 불루

오이씨를 심으면 오이를 얻고, 콩을 심으면 콩을 얻는 것이니, 하늘의 그물이 넓고 넓어 성기어도 새지 않느니라.

풀이

1) 恢(회): 넓다. 恢恢(회회): 넓고 크다.
2) 疎(소): 트다. 통하다.
3) 漏(루): 새다. 스며들다. 漏泄(누설).

한자

種(씨 종) 瓜(오이 과) 得(얻을 득) 豆(콩 두)
網(그물 망) 恢(넓을 회)

읽어보기

오이씨를 심었는데 콩이 달릴 수는 없는 것이다. 이것은 자연의 법칙이고 하늘의 섭리이다. 마찬가지로 선을 행하면 복으로 돌아오고 악한 짓을 하면 재앙이 돌아오게 마련이다. 우리는 하늘이라는 크고 넓은 그물 안에서 살고 있다. 하늘의 그물이 넓고 구멍이 성큼성큼 뚫려 얼마든지 빠져나갈 것 같지만 아무도 빠져 나갈 수가 없는 것이다. 자신이 심은 선과 악의 씨앗이 결국은 복과 재앙의 열매를 거두게 되는 것이다.

07

子曰:「獲罪於天이면 無所禱也니라.」
자 왈 획 죄 어 천 무 소 도 야

孔子가 말씀하시기를:「나쁜 일을 하여 하늘에 죄를 지게 되면 빌 곳이 없어진다.」라고 하셨다.

한자

獲(얻을 획) 罪(허물 죄) 於(어조사 어) 無(없을 무)
所(바 소) 禱(빌 도)

왕 손 가 문 왈 여 기 미 어 오 녕 미 어 조 하 위 야 자 왈 불 연 획
王孫賈問曰: 與其媚於奧 寧媚於竈 何謂也? 子曰: 不然 獲
죄 어 천 무 소 도 야
罪於天 無所禱也.

論語(논어) 八佾篇(팔일편)

媚: 아첨할 미
奧: 아랫목 오
寧: 차라리 령(녕)
竈: 부엌 조
獲: 얻을 획
禱: 빌 도

왕손가(王孫賈)가 묻기를:「아랫목 신에세 아침하는 것보다는 차라리 부뚜막의 신에게 아첨하는 것이 낫다"고 하는데, 무엇

을 이르는 것입니까? 공자는 말하기를 "그렇지 않습니다. 하늘에 죄를 얻으면 빌 곳이 없습니다.」라고 하셨다.

왕손가(王孫賈)는 위(衛)나라 대부(大夫)이고 힘 있는 권신(權臣)이었다. 그가 말하는 아랫목 신은 위나라 군주 영공(靈公)이고 부뚜막 신은 자신인 것이다. 그는 속담을 빗대어서 "별 힘도 없는 위나라 군주보다는 나하고 친한 것이 낫지 않을까?"라고 은근히 떠보고 자기편에 설 것을 제안하자, 공자가 하늘을 들먹이면서 자기와 친해 보자는 왕손가의 제안을 거절한다.

하늘에게 죄를 짓지 않겠다는 말은 곧 자신의 양심의 목소리만 듣겠다는 말씀이다. 만약에 자신의 행위나 언행이 법도와 예의를 벗어나서 하늘에 죄를 지었다면 기도할 곳이 없고, 안방의 신에게 아첨해도 부뚜막 귀신에게 아첨해도 효과가 없을 것이다. 사람은 원칙에 따라 행할 뿐 누구에게도 아부할 필요는 없다는 것을 강조하고 있는 것이다.

三. 順命篇

01

子曰:「死生이 有命이오 富貴는 在天이니라.」
자 왈　사 생　유 명　부 귀　재 천

孔子가 말씀하시기를:「죽는 것과 사는 것은 운명에 달려있고, 부자가 되고 귀하게 되는 것은 하늘에 있느니라.」고 하였다.

한자

死(죽을 사)　命(목숨 명)　富(넉넉할 부)　貴(귀할 귀)

읽어보기

위의 내용은 마치 세상만사가 미리 정해진 필연적 법칙에 따라 일어난다고 하는 운명론과 같은 냄새를 풍긴다. 순명(順命)이란 말, 즉 운명에 순응한다는 말은 유가(儒家)에서 그렇게 즐겨 쓰는 말이 아니다. '死生有命, 富貴在天'이라는 글귀는 분명 논어(論語)에 나와 있지만 분명한 것은 '그러한 운명이니 받아드리고 체념하라'가 아니고, '죽고살고는 天命(타고난 수명; 하늘의 명령)이고, 잘살고 못사는 것은 정해졌다'지만, 정도(正道)를 걸으면 정해진 운명도 바뀌진다는 긍정적인 사고와 행동을 요구하고 있다. 형제가 없는 것은 하늘의 뜻이지만 노력해서 군자가 된다면 무수한 형제를 갖게 될 것이라고 일러 주고 있는 것이다. 주어진 운명을 체념하고 사는 것도 운명이고, 주어진 운명이지만 분발하여 더 나은 운명을 개척하고 가지려는 운명도 운명인 것이다.

공자는 세상 사람들의 고통을 남의 고통으로 여기지 않았고, 또 한 사람의 힘으로는 어찌 해 볼 수 없을 정도로 거대한 시세의 흐름을 마주하고 좌절하여 그저 한숨만 쉬지도 않았다. 공자는 항상 "지금 이 순간 내가 할 수 있는 일이 무엇인가?"를 반문했다. 지금 이 순간 내가 할 수 있는 일을 깨달아 아는 것이 곧 "지명(知命)"이다. 그리하여 그는 다짐한 대로 행동했다. "내일 지구의 종말이 온다고 하더라도 오늘 한 그루 사과나무를 심는" 그러한 정신이 공자 평생의 학문정신이고, 우리가 지향할 태도라고 본다.

【원문】 참고

사마우우왈 인개유형제 아독망 자하왈 상문지의 사생
司馬牛憂曰: 人皆有兄弟, 我獨亡. 子夏曰: 商聞之矣: 死生
유명 부귀재천 군자경이무실 여인공이유례 사해지내 개
有命, 富貴在天. 君子敬而無失, 與人恭而有禮. 四海之內, 皆
형제야 군자하환호무형제야
兄弟也, 君子何患乎無兄弟也?

사마우가 그늘진 얼굴로 말했다. "남들은 모두 형제가 있는데 나만 형제가 없습니다." 자하가 말했다. "이런 말을 들은 적이 있습니다. 생사는 하늘에 달려 있고 부귀도 하늘에 달렸다

합니다." 군자는 근엄하되 방종하지 않으며, 남을 대할 때 공경하며 예를 지키니 이렇게 하면 세상의 모든 사람이 나의 형제가 아니겠습니까? 군자가 어찌 형제가 없다고 근심을 한단 말입니까?

풀이

1) 司馬牛(사마우): 공자의 제자로 이름은 犂(려)이고 向魋(향퇴)의 아우이다.
2) 憂(우): 근심하다. 걱정하다.
3) 亡(망): 여기서는 '없다'의 의미를 가진 '無(무)' 사의 의미를 가진다. 따라서 '망'이라고 새기는 것이 아니라, '무'로 새기고 또 그렇게 해석이 되어야 한다.
4) 商(상): 子夏의 이름이다.
5) 無失(무실): 過失(과실)이 없다는 말로, 아래의 有禮와 짝을 이룬다.
6) 與人(여인): '남과 교제하다'의 의미이다.
7) 四海之內(사해지내): '온 천하 사람이'라는 뜻이다.

論語(논어) 顔淵篇(안연편)

02

萬事가 分已定이어늘 浮生이 空自忙이니라.
만사 분이정 부생 공자망

모든 일에 분수(分數)가 이미 정하여져 있는데, 세상 사람들이 공연히 저 혼자 바빠하고 있다.

풀이

1) 萬(만): 일반. 다수. 크다.
2) 事(사): 일. 섬기다.
3) 分(분): 나누다. 구별하다. 여기서의 '分'은 分數(분수), 즉 '자기 신분에 맞는 한도'의 의미를 가진다.
4) 浮(부): 뜨다. 떠오르다.
5) 浮生(부생): 덧없는 인생. 뜬구름 같은 삶
6) 空(공): 비다. 여기서는 '부질없이', '헛되이'의 의미를 가진다.

한자

萬(일만 만)	事(일 사)	分(나눌 분)	已(이미 이)
定(정할 정)	浮(뜰 부)	空(빌 공)	忙(바쁠 망)

읽어보기

옛날 사람들은 자신의 운명이 정해져 있다고 믿었다. 그렇다고 해서 운명이 이미 정해졌으니 노력하지 말고 체념하라는 뜻이 아니다. 세상은 어떤 원칙에 의해 올바르게 돌아가므로 헛

된 욕심을 버리고 자신의 능력 범위 내에서 정정당당하게 살아가라는 의미이다. 자연의 순리를 거역하고 자신의 분수에 넘치는 욕심을 부리면 모든 것을 잃는다.

03

景行綠에 云하되: 「禍不可以倖免, 福不可以
경 행 록　운　　화 불 가 이 행 면　복 불 가 이

再求니라.」
재 구

景行錄에 이르기를: 「화는 요행으로 면할 수 없고, (한 번 놓친) 복은 다시 구할 수 없다.」고 하였다.

풀이

1) 景行錄(경행록): 中國 宋(송)나라 때의 책 이름.
2) 云(운): 이르다. 말하다.
3) 倖免(행면): 倖而得免(행이득명)의 준말로, '요행히 벗어나다'의 의미를 가진다. 倖(요행 행). 免(면하다 면).

한자

景(볕 경)　行(갈 행)　錄(기록할 록)　禍(재앙 화)　倖(요행 행)
免(면할 면)　福(복 복)　再(거듭 재)　求(구할 구)

자신이 부족하여 불러들인 재앙이라면 요행으로 벗어날 수가 없고 또한 피할 수도 없는 것이다. 미연에 방지하고 행동을 언제나 삼가야 한다. 한 번 놓친 행운은 되찾을 수는 없는 법이다. 지나간 일을 다시 돌이킬 수 벗는 것이니, 심기일전하여 기회가 다시 올 수 있도록 열심히 공부 또는 준비하여 앞으로 다가올 행운에 대비하라는 말일 것이다.

04

時來에 風送滕王閣이요, 運退에 雷轟薦福碑라.
시래 풍송등왕각 운퇴 뇌굉천복비

때가 옴에 바람이 등왕각(滕王閣)으로 불어 보내고, 운수가 물러감에 벼락이 천복비(薦福碑)를 친다.

풀이

1) 滕王閣(등왕각): 中國 長江 유역의 南昌에 있는 누각의 이름.
2) 雷轟(뇌굉): ① 우레 소리가 남. ② 벼락이 침.
3) 薦福碑(천복비): 중국 江西省(강서성) 薦福寺(천복사)에 있는 비석으로, 元(원) 나라의 馬致遠(마치원)이 세웠다는 설이 있다.

한자

時(대 시)	來(올 래)	風(바람 풍)	送(보낼 송)
滕(봉할 등)	閣(문설주 각)	運(돌 운)	退(물러날 퇴)
雷(우레 뇌)	轟(울릴 굉)	薦(천거할 천)	碑(돌기둥 비)

읽어보기

중국 당(唐)나라 때 고관인 廉伯嶼(염백서)가 南昌(남창)이라는 곳에 '滕王閣(등왕각)'이라는 전각을 짓고 9월 9일 낙성식(落成式)의 잔치를 베풀고 그 자리에서 글을 짓게 했다. 이 때 王勃

(왕발)이라는 사람은 洞庭湖(동정호)라는 호수가 근처에 살고 있었는데, 꿈에 노인이 나타나 등왕각으로 가서 글을 지어주라고 하였다. 이것이 9월 7일 밤이었고, 남창까지는 7백 리나 되었다. 왕발은 이날 밤 순풍(順風)을 만나 배를 타고 하룻밤 사이에 7백리를 가서 낙성식에 참석 "등왕각 서문"을 짓게 됨으로써 천하(天下)에 그 文名(문명)을 떨치게 되었다.

宋(송)나 라 때 몹시 가난한 선비가 살고 있었다고 한다. 어느 날 어떤 사람이 薦福碑(천복비)의 碑文(비문)을 拓本(탁본)으로 떠다 주면 후한 보수를 준다 해서 선비는 薦福山(천복산)으로 갔다. 천신만고 끝에 천복산에 도착하니 마침 밤은 어둡고 비바람이 부는지라 다음날 비가 멎으면 탁본을 뜨기로 하고 객사(客舍)에서 묵었다. 다음날 천복비가 있는 곳으로 가 보니, 공교롭게도 밤 사이에 벼락이 그 비석(碑石)을 때려서 산산조각이 났다.

때를 만나면 王勃이 순풍(順風)을 만나 하룻밤에 수 천리 길을 달려가 등왕각(滕王閣)에 가서 서문(序文)을 지어 이름을 높이듯 일이 잘 되고, 운수(運數)가 나쁘면 천복비(薦福碑)에 벼락이 내려 비석이 깨뜨려지듯 천신만고가 수포로 돌아간다는 고사를 인용하여 세상만사는 억지로 되는 것이 아님을 말해 주고 있다. 운이 좋을 때는 의외로 다 잘 풀리지만, 운이 나쁠 때는 공교롭게도 모든 것이 꼬이고 풀리지 않는다. 운이 좋아 잘 풀리면 더욱 최선을 다하고 일이 꼬일 때면 한 발짝 물러나 심중을 기하는 자세가 중요할 것이다.

05

列子 曰:「癡聾痼啞도 家豪富요 智慧聰明도
열자 왈 치롱고아 가호부 지혜총명

却受貧이라. 年月日時該載定하니 算來有命
각수빈 년월일시해재정 산래유명

不由人이니라.」
불유인

列子가 말하기를:「어리석고 귀먹고 고질이 있고 벙어리라도 집은 큰 부자요, 지혜롭고 총명하여도 도리어 가난하기도 하다. 사주팔자는 모두 정해져 있으니, 추측컨대 (부귀) 천명에 말미암지 사람에 말미암지 않는다.」고 하였다.

풀이

1) 列子(열자): 中國 戰國時代(전국시대)의 鄭(정)나라 사람으로 이름은 禦寇(어구)이며, 道家(도가)의 思想家(사상가)다. ≪列子(열자)≫의 저자인 列子는 서기전 400년경 지금의 하남성(河南省)인 정(鄭)나라에 살았다는 설이 있을 뿐 그 존재가 불확실한 인물이다. ≪史記(사기)≫에는 전혀 전기가 보이지 않고, ≪莊子(장자)≫「소요유편(逍遙遊篇)」에 "열자는 바람을 타고 하늘을 날았다" 말이 있는데, 이것으로 미루어보아 열어구(列禦寇)인 列子(열자)는 莊子(장자)가 만들어낸 허구 인물이라는 설이 있다. 또 魯(노)나라 사람이라는 설도 있다.

2) 癡(치): 어리석다. 미치광이. '痴'는 '癡'의 속자다.

3) 聾(농): 귀머거리. 어리석다.

4) 痼(고): 고질.

5) 却(각): '물리치다' 등의 의미를 가지지만, 여기서는 '오히려'의 의미를 가진다.

6) 年月日時(년월일기): 태어난 해와 달과 날과 시. 四柱八字(사주팔자)

7) 該(해): 갖추다. 갖추어지다.

8) 載(재): 싣다. 실어서 운반하다.

9) 該載(해재): "완비되다, 갖추다(容納一切)"의 의미를 가진다.

10) 算(산): 계산하다. 추측하다. 여기서는 '운수를 따지다'의 의미로 쓰였다.

11) 命(명): 목숨. 운수. 命運(명운).

한자

啞(벙어리 아)	家(집 가)	豪(호걸 호)	富(넉넉할 부)
智(슬기 지)	慧(슬기로울 혜)	聰(귀 밝을 총)	明(밝을 명)
受(받을 수)	貧(가난할 빈)		

알아보기 열자와 故事成語(고사성어)

失斧疑隣

失: 잃을 실, 斧: 도끼 부, 疑: 의심할 의, 隣: 이웃 린

실부의린(失斧疑隣)이란 '도끼를 잃어버리자 이웃을 의심한다'라는 뜻으로, 주관적인 추측으로 단정하여 함부로 남을 의심하는 것을 비유하는 故事成語(고사성어)이다.

어떤 사람이 도끼 한 자루가 보이지 않자 집 안 곳곳을 샅샅이 살펴보았으나 결국 찾지 못하였다. 그러자 그는 이웃집 아

들이 도끼를 훔쳐 갔을 것이라는 생각이 들기 시작하였다. 그리하여 이웃집 아들을 유심히 살펴보니, 걸음걸이나 안색이나 말이나 태도 등이 모두 의심스럽기 그지없었다. 결국 그는 이웃집 아들이 자기 도끼를 훔쳐 간 것이 틀림없다고 난정하기에 이르렀다.

그런데 이튿날 그는 산에 나무를 하러 갔다가 어느 나무 옆에서 자신이 잃어 버렸던 도끼를 발견하였다. 그는 그때서야 자신이 전날에 나무를 하다가 도끼를 그냥 놓아둔 채 집으로 돌아갔던 일이 생각났다. 그는 이웃집 아들을 의심한 일을 뉘우쳤다. 그가 집으로 돌아와 다시 이웃집 아들을 유심히 살펴보니, 행동거지가 조금도 의심스러운 데가 없었다.

四. 孝行篇

01

詩에 曰:「父兮生我하시고 母兮鞠我하시니
시 왈 부혜생아 모혜국아
哀哀父母여 生我劬勞셨다. 欲報深恩인데 昊
애애부모 생아구로 욕보심은 호
天罔極이로다.」
천망극

詩經(시경)에 이르기를:「아버지 나를 낳으시고 어머니 나를 기르시니 아아 애달프다 어버이시여, 나를 낳아 기르시기 얼마나 수고로우셨는가! 그 은혜 갚고자 하나 그 은혜 하늘같이 끝이 없다.」라고 하였다.

풀이

1) 詩(시): 여기서는 詩經(시경)을 말함. 중국에서 가장 오래된 시집(詩集)으로, 당시 임금이 民情(민정)을 살피기 위해 각 지방의 民謠(민요) 3천여 편을 수집하였는 바, 孔子가 305편을 추려 엮었다고 한다. 詩는 유가 經典(경전)을 말하는 것으로, 詩經을 가리키는 말이었다. '經' 자를 붙여줌으로써 공경의 뜻을 나타낸 것이다. '經'은 "常(상)"의 뜻으로 만고불변의 진리가 될 만한 책이라는 의미로 흔히 이 '經' 자를 책 이름 뒤에 많이 붙인다. 예를 들어 佛經(불경), 聖經(성경)이 그것이다.

2) 鞠(국): 궁하다, 공(옛날의 공의 일종). 여기서는 '기르다', '양양하다'의 의미를 가진다.

3) 哀(애): 슬프다. 상심하다.

4) 昊(호): 하늘. 큰 모양.

5) 劬(구): 수고롭다.

6) 勞(로): 일하다. 수고하다. 근심하다.

7) 罔(망): 그물. 굴레. 여기서는 '無(무)'의 의미로 '없다'로 새긴다.

8) 極(극): 다하다. 끝나다.

9) 罔極(망극): '罔極之痛(망극지통)'의 준말로 '한 없이 슬프다'의 의미를 가진다.

한자

父(아비 부)	母(어니 모)	我(나 아)	兮(어조사 혜)
鞠(기를 국)	哀(슬플 애)	劬(수고로울 구)	勞(근심할 노)
欲(하고자할 욕)	報(갚을 보)	深(깊을 심)	恩(은혜 은)
昊(하늘 호)	罔(그물 망)	極(다할 극)	

읽어보기 禮(예)

儒家(유가)는 禮敎(예교)라고도 일컬어지는 것처럼 禮(예)는 유가사상의 기본이다. 어떤 사람은 "禮라는 문자는 示(神)와 豊(酒를 넣는 器)으로 되어 있는 것처럼 酒器(주기)를 신에 바치는 종교적 의식을 의미한다"라고 하고, 어떤 사람은 또 "예절 예(禮)는 祭儀(제의; 제사를 지내는 의식)에서 생겨났다. 禮(예)는 '보일 시(示)' 자와 '단술 례(豊)' 자가 합쳐진 글자다. '示'는 하늘과 가깝게 쌓은 제단을 상형한 것이고, '禮'는 감주(甘酒)의 뜻을 가지고 있다. 즉, 제단(示) 위에 달콤한 술(豊)을 신에게 바치며 풍성한 수확과 행복을 비는 행위를 그린 것이 '禮'라는 글자다". 또는 "기

(示)는 신적 존재요, 풍(豊)은 제기(祭器)인 '豆(두)'에다 제물을 담아 신에게 봉헌하는 제사 의례를 의미한다. 풍(豊)자는 실제로 예(禮)의 옛 글자다.

위의 설명은 다 맞는 말이다. '보이다'의 의미를 가지는 '示(보일 시)' 자는 본시 '제단'을 뜻하는 글자로 '亓(其의 옛글자)' 자로 '기'라고 읽었다. '丌(기)', '亓(기)'는 '제단'을 뜻하는 글자다. 이에 '드러나나', '보여주다'와 '땅의 신'의 의미로 응용되어 쓰였다. 漢字(한자)에서 '示' 자는 '제사'와 '예의'를 나타내는 한 부수로 쓰이게 된다. '祭(제사 제)', '祈(빌 기)', '視(볼 시)', '神(귀신 신)', '祖(조상 조)' 등처럼 무수한 글자로 응용되어 쓰이게 된다. '示'는 현재 '시'로 읽는다. 땅의 신을 나타냈던 '示' 자는 '社(토지 신 사)' 자로 대체되어 지금에 이르렀다.

'豊'은 '풍성할 풍'과 '굽 높은 그릇 예' 두 가지 소리로 읽는다. '豆(두)'가 바로 제사에 쓰이는 그릇(제기)에 한 종류다. '豆' 위에 '음식(曲)'을 담아 제사를 지냈으므로, '豊' 자가 '禮' 자의 원형인 것이다. '콩' 종류를 중국 사람들은 '두'라고 소리를 냈으나, 글자가 없었으므로 소리가 비슷한 '豆'를 빌려다 쓴 것이다. 그리고 그릇에 음식이 가득 담아진 글자는 '풍성하다' 등의 의미를 가지는 '豊(풍)' 또는 '豐(풍)'으로 쓰이고 있다.

'禮'는 祭器(제기)에 음식을 담아 하늘과 땅과 그리고 조상의 귀신들에게 보여준다(示)의 의미를 가지는 글자다. 자연과 신에게 祝願(축원)의 의례를 의미하는 이러한 행위가 '禮'의 기원이다. 신과 소통하는 이러한 禮(예)의 관념이 인간이 사회에서 살아가는데 있어 지켜야 하는 규범, 즉 사회적인 의례로서 禮는 존중받게 된다.

아래의 글은 "네이버 지식백과(철학사전, 2009, 중원문화)"에서 찾을 수 있는 禮에 관한 글이다.

『중국에 있어서 근대 이전의 혈연적 신분적 질서를 유지하기 위한 기본적 도덕. 예는 원래 종교적 의례에 기초를 두었는데, 그 실행에 의해 오늘날의 법률·정치·도덕·종교·경제행위를 규정하는 역할을 미분화 상태로 종합적으로 수행하여 사회를 규제하고 유지하였으며, 사회의 발전에 따라 예의 역할이 정치적·윤리적·종교적·세속적인 여러 방면으로 분화하면서 그 고찰도 깊어졌다. 孔子는 '극기복례(克己復禮)'를 인(仁)이라 하고, 인의 관념 안에 예(禮)를 받아들였다. 맹자는 '사양지심(辭讓之心; 사양하는 마음)'을 '예지단(禮之端; 예의의 시작)'이라 하면서 禮(예)를 더욱 윤리화하였다.

戰國時代(전국시대) 말에는 '법(法)'이 통치 수단으로서 보편적으로 채용되었는데, 그 속에서 荀子(순자)는 법의 상위(上位) 개념으로서 禮를 받아들이고, 이것을 貴賤(귀천), 長幼(장유), 貧富(빈부), 輕重(경중)에 차등이 있는 것으로 규정하면서, 禮(예)는 각자가 그 '분(分)'에 따라 직무를 수행하는 '군거화일(群居和一)'의 국가 사회 질서의 원리라 하였다. 荀子(순자)는 "사람에게 禮가 없으면 살 수가 없고, 일에 禮가 없으면 성공할 수가 없으며, 국가에 禮가 없으면 안정되지 않는다"고 하면서, 개인이 생활에서 국가 통치에 이르기까지의 전 영역에 걸쳐 없어서는 안 되는 필수불가결한 것으로 선언하였다.』

02

子曰:「孝子之事親也에 居則致其敬하고 養則致其樂하고 病則致其憂하고 喪則致其哀하고 祭則致其嚴이니라.」
자왈 효자지사친야 거즉치기경 양즉치기락 병즉치기우 상즉치기애 제즉치기엄

孔子가 말씀하시기를:「효자의 어버이 섬김은, 기거하심에는 공경을 다하고, 봉양함엔 즐거움을 다하고, 병든 때에는 근심을 다하고, 돌아가시면 슬픔을 다하고, 제사지낼 때에는 엄숙함을 다해야 한다.」라고 하였다.

풀이

1) 孝(효): 효도. 부모의 상을 입다.
2) 之(지): 주어 뒤에 놓이는 '之'는 주격조사로 '~이', '~가'로 새긴다.
3) 事(사): 봉양하다. 떠받들다. 事親(사친: 어버이를 섬기다). 事君(사군: 임금을 섬기다). 事師(사사: 스승으로 모심).

한자

事(일 사)	親(친할 친)	致(보낼 치)	敬(공경할 경)
養(기를 양)	樂(즐길 낙)	病(질병 병)	憂(근심할 우)
喪(죽을 상)	哀(슬플 애)	祭(제사 제)	嚴(엄할 엄)

孝에 대한 단상

"3번아 잘 있거라, 6번은 간다." 어느 저녁 자리에서 들은 농담이다. 내용인즉 시골 노인이 전답 다 팔아 서울 아들집으로 거처를 옮겼더니 찬밥 신세를 면치 못하더란다. 그래 곰곰히 이유를 따져보니 가족 구성원 중요도 순위에서 한참 떨어지더라는 것.

1번은 손자, 2번은 며느리, 3번은 아들, 4번은 강아지, 5번은 가사도우미 그리고 마지막 6번이 본인이었다. 결국 천덕꾸러기로 전락한 자신의 신세를 한탄하며 고향으로 돌아가기 전 아들에게 넘긴 게 이 암호 같은 메모였다.

요즘 노인들의 서글픈 자화상을 잘 꼬집고 있는 유머인지라 그날 마냥 웃을 수만은 없었다.

'노래지희(老萊之戲)'라는 말이 있다. 중국 춘추시대 초나라 노래자(老萊子)란 사람이 나이 70세에도 색동옷을 입고 어린애처럼 응석을 부려 늙은 부모를 즐겁게 해준 데서 유래된 고사성어다.

자식이 아무리 나이가 들어도 부모가 자식을 바라보는 마음은 똑같으니 변함없이 효도를 해야 한다는 뜻이다.

세월이 좋아진 만큼 그 옛날 70세였던 노래자는 지금으로 따져보면 열 살은 더 많이 보일 게다. 하물며 그보다 한참이나 젊은 난, 재롱은 고사하고 언젠가부터 부모님 앞에서 짐짓 어른스러운 행동만 하고 있으니 노래자가 들으면 얼굴이 노래질 노릇이다.

우리 은행에는 이 노래지희(老萊之戲)를 넘어 자신의 몸으로 효행을 실천한 젊은 직원이 있다. 오랫동안 간경화로 투병해 온 아버지를 위해 기꺼이 자신의 간(肝) 일부를 떼어내 이식해 준 것이다.

사실 그 아버지 또한 우리 은행 직원이다. 부자(父子)가 한 직장에서 같이 일하는 모습을 보기도 힘든 판에 백행의 근본인 효를 이런 방법으로 행했으니 가히 현대판 '반포지효(反哺之孝)'라 불러도 손색이 없을 정도다.

'사람의 신체와 터럭과 살갗은 부모에게서 받은 것이니, 이것을 손상시키지 않는 것이 효의 시작'이라는 공자의 가르침도 이때만큼은 예외가 아닐까 싶다. 다행히 이 부자 모두 건강을 회복하고 두 분 다 무사히 직장으로 복귀(復歸)해 그 누구보다 열심히 일하고 있다.

오늘 퇴근 후엔 나도 고향에 계신 부모님에게 오랫만에 전화 안부를 드려야겠다. 평소 무심하던 아들 전화에 놀라지나 않으실지 모를 일이다. 매일경제 발췌(김용환 한국수출입은행장)

※ 老萊子(노래자)

老萊子(노래자)는 젊었을 때부터 효심(孝心)이 지극하여 부모님을 봉양(奉養)하는 일에 정성(精誠)을 다하였다. 그의 나이 70의 백발노인이 되었지만, 그의 부모님은 정성껏 보살피는 아들의 효성 때문인지 그때까지 정정하게 살아 계셨다. 노래자(老萊

子)는 항상 어린 아이들처럼 알록달록한 문양이 있는 옷을 입고 천진난만한 표정을 지으며 부모님 앞에서 재롱을 떨었다. 그의 재롱에 부모님들 역시 자신들의 나이가 어느 정도 되는지 헤아리려고 하지 않았다.

노래자(老萊子) 역시 나이 많은 부모님 앞에서는 자신의 나이를 밝히지 않았다. 그리고 부모님의 식사는 손수 갖다 드렸으며, 식사를 마칠 때까지 마루에서 엎드려 있었다. 이것은 갓난 아이가 울고 있는 모습을 흉내 낸 것이다.

03

子曰:「父母在어시든 不遠遊하며 遊必有方
자 왈 부 모 재 불 원 유 유 필 유 방

이니라.」

孔子가 말씀하시기를:「부모가 살아 계시면 멀리 여행을 말며, 여행을 하더라도 반드시 있는 곳이 분명해야 한다.」고 하였다.

풀이

1) 遠遊(원유): 여행 또는 학문 修學 등을 위하여 먼 곳에 감.
2) 方(방): 모. 각(角). 사방. 방향.
3) 有方(유방): 일정한 행방이나 거처를 가짐.

한자

在(있을 재) 遠(멀 원) 遊(놀 유) 必(반드시 필)
方(방향 방)

알아보기

論語(논어)의 里仁篇(이인편)에 다음과 같은 글이 있다.

부 모 재 불 원 유 유 필 유 방 삼 년 무 개 우 부 지 도 가 위 효 의 부
父母在, 不遠游, 游必有方. 三年無改于父之道, 可謂孝矣.父
모 지 년 불 가 부 지 야 일 칙 이 희 일 칙 이 구 부 재 관 기 지 부 몰 관
母之年不可不知也. 一則以喜, 一則以懼.父在觀其志, 父沒觀

其行.

공자는 말씀하시기를 「부모가 살아 계시면 멀리 여행을 말며, 여행을 하더라도 반드시 있는 곳이 분명해야 한다.」「삼 년 동안은 부모의 도를 고치지 말아야 가히 효라고 이를 수 있다.」「부모의 연세를 모르고 있어서는 안 된다. 한편으로는 (오래 사시어) 기쁘고, 한편으로는 (늙어감이; 모실 날들이 점점 짧아져서) 두려운 것이다」라고 하셨다.

효행(孝行). 이것은 동서고금을 막론하고 존재해 왔으며 인륜의 중요한 덕목이다. 儒家(유가) 역시 '孝'를 모든 행동의 근본으로 삼았고, 도덕의 시작으로 보았다. 이에 '論語'의 첫 구절은 '학문'에 대한 논의고, 두 번째 구절은 바로 '孝'에 대한 논의인 것이다.

有子(유자)가 말하기를 「그 사람됨이 부모에게 효도하고 윗사람을 공경하면서 윗사람을 범하기를 좋아하는 자가 드무니, 윗사람을 범하기를 좋아하지 않고서 난(亂)을 일으키기를 좋아하는 자는 있지 않다. 군자는 근본에 힘쓰니 근본이 확립되면 인(仁)의 도(道)가 살아난다. 효(孝)와 제(悌)는 그 인(仁)을 행하는 근본일 것이다.」라고 하였다. (有子曰: 「其爲人也孝弟, 而好犯上者, 鮮矣; 不好犯上, 而好作亂者, 未之有也. 君子務本, 本立而道生. 孝弟也者, 其爲仁之本與!」

평상시 부모님을 마음으로부터 효도하고, 형제간에 우애하면서 웃어른을 공경하는 사람은 사회 질서를 어지럽히고 남을 해코지 하는 경우는 없는 법이다. 근본이 잘 갖추어지면 사람으로서의 정도는 저절로 생기게 되고, 사회가 우러러보는 진정한 군자가 되는 것이다. 孝는 바로 仁德의 근본이 되고, 사람에게 효도와 공경은 착한 본성이 드러난 가장 고귀한 근본임을 말하고 있다.

論語의 爲政篇(위정편)에는 다른 편에서와는 달리 孝(효)에 대해서 집중적으로 논의되고 있음을 볼 수 있다. 孝가 무엇인지 묻는 질문에 孔子는 밑도 끝도 없이 '無違(무위)'라고 대답하였다. '無違'는 '어기지 마라' 즉 '기본적인 자식의 도리를 지켜라'라는 의미일 것이다. 이에 제자 번지가 무슨 뜻인지 이해를 못하자 공자가 「어버이가 살아 계실 적에 예를 다해 섬기며, 돌아가셔서도 예를 다해 장사 지내며, 제사 지낼 때에도 예를 다해야 한다(生事之以禮, 死葬之以禮, 祭之以禮).」라고 하였다. 이는 기본적인 禮를 지키고 자신의 신분과 분수에 禮를 행하는 것이다.

바로 다음에 공자는 孟武伯(맹무백)이라는 사람이 효에 대해서 묻자, 공자는 「부모는 오직자식이 병날까 근심한다(父母唯其疾之憂).」라고 하였다. 기본적인 예의로 효를 행하고 더나가 부모님의 마음이 편안하시도록 걱정을 드리지 않는 것임을 강조하고 있다.

마지막 효도의 가장 어려움 단계는 안색을 살피는 것이라고 하였다. 즉 '色難(색난)'이다. '色難'은 사전에서도 두 가지로 해석되고 있다. '자신이 늘 부드러운 얼굴빛으로 부모를 섬기기가 어렵다'가 하나고, '부모의 얼굴빛을 보고 그 뜻에 맞게 봉양하기가 어렵다'가 그것이다. 늘 웃고 자애로운 얼굴로 부모님을 봉양하기는 정말 어려운 일이다. 예의에 맞게 봉양할 수는 있다, 근심을 드리지 않을 수도 있을 것이다. 그리고 공경하는 마음으로 진심을 다하여 모실 수도 있을 것이다. 그러나 부모님의 안색을 살피고, 아니면 언제나 밝은 웃음으로 부모를 대한다는 것은 실로 어려운 일인 것이다.

그러나 사람에 따라 또는 시대의 흐름에 따라 孝에 대한 해석이나 섬김이 다름을 볼 수 있다. 우리가 익히 알고 있는 중국의 고전 孝經(효경)에는 다음과 같은 글을 볼 수 있다. 「몸과 머리카락과 살갗은 그것을 부모님에게서 받은 것이다. 감히 훼손하고 나치세 하지 않는 것이 효도의 처음이고, 몸을 세워 도를 행하고 후세에 이름을 드날리어서 부모님을 드러내는 것이 효도의 마지막이다(身體髮膚, 受之父母. 不敢毁傷, 孝之始也. 立身行道, 揚名於後世, 以顯父母, 孝之終).」

04

子曰:「父命召어시든 唯而不諾하고 食在口則吐之니라.」

자왈 부명소 유이불락 식재구 즉토지

孔子가 말씀하시기를:「부모께서 부르시거든 속히 대답하여 머뭇거리지 말고, 음식이 입에 있으면 뱉어야 한다.」고 하였다.

풀이

1) 召(소): 부르다. 초래하다.
2) 唯而不諾(유이불락): "唯"와 "諾"은 모두 "대답하는 소리"로 해석되지만, "唯"는 존경의 의미를 가지고, "諾"은 "교만하고 느린"의 의미로 쓰인다. 그러므로 "부모가 부르거든 즉시 시원스럽게 대답을 해야 하고, 싫은 내색을 하지 마라"는 의미이다.
3) 則(즉): '則'은 '規則(규칙)' '法則(법칙)'처럼 '칙'으로 읽고, 가정을 나타내는 접속사로 쓰이는 경우, '즉' 하고 읽는다. 즉, "~하면"의 뜻이다.

한자

召(부를 소)	命(명하다 명)	唯(오직 유)	諾(대답할 낙)
食(밥 식)	則(곧 즉)	吐(토할 토)	

어머니 마음(양주동 작사 / 이흥렬 작곡)

낳실제 괴로움 다 잊으시고 기를제 밤낮으로 애쓰는 마음
진자리 마른자리 갈아 뉘시며 손발이 다 닳도록 고생하시네
하늘아래 그 무엇이 넓다 하리오 어버이의 희생은 가이없어라

어려선 안고 업고 얼러 주시고 자라선 문 기대어 기다리는 맘
앓을사 그릇될사 자식 생각에 고우시던 이마 위에 주름이 가득
땅 위에 그 무엇이 높다 하리오 어버이의 정성은 그지 없어라

사람의 마음속엔 온 가지 소원 어버이의 마음속엔 오직 한가지
아낌없이 일생을 자녀 위하여 살과 뼈를 깎아서 바치는 마음
인간의 그 무엇이 거룩하오리 어버이의 사랑은 지극하여라

05

太公이 曰:「孝於親이면 子亦孝之하나니, 身
태공 왈 효어친 자역효지 신

旣不孝면 子何孝焉이리오.」
기불효 자하효언

太公이 말하기를:「내가 어버이께 효도하면 내 자식이 또한 나에게 효도하는 것이니, 내가 이미 어버이께 불효하면 자식이 어찌 나에게 효도할 것인가.」라고 하였다.

풀이

1) 親(친): 친하다. 가까이 하다. 父親(부친). 母親(모친)
2) 亦(역): 또. 또한.
3) 身(신): 몸. 나 자신.
4) 旣(기): 이미. 벌써. 여기서는 '이미'의 의미를 가지므로, '身己不孝'는 '(이미) 자신은 불효의 짓을 해놓고'의 의미로 새길 수 있을 것이다.

한자

孝(효도 효)	親(친할 친)	亦(또한 역)	身(몸 신)
旣(이미 기)	何(어찌 하)	焉(어조사 언)	太(클 태)

06

孝順은 還生孝順子요 忤逆은 還生忤逆子하
효순　환생효순자　오역　환생오역자
나니, 不信커든 但看簷頭水하라 點點滴滴不
불신　단간첨두수　점점적적불
差移니라.
차이

효도를 하면 효도하는 자식을 낳고, 불효하면 불효하는 자식을 낳나니, 믿지 못하거든 처마 끝의 낙수를 봐라, 방울방울 떨어져 내림이 어긋남이 없느니라.

풀이

1) 還(환): '돌아오다', '되돌려주다' 등의 의미를 가지지만, 여기서는 부사로 "재차" "다시" 등의 의미로 쓰였다.
2) 忤(오): 거스르다. 거역하다.
3) 逆(역): 거스르다. 반역하다.
4) 但(단): 접속사는 '그러나'로 새기는 데, 여기서는 부사로 '다만' '단지'의 의미를 가지므로, 전체적으로 '추녀 끝에서 (떨어지는) 낙숫물만 보더라도'라는 의미로 풀이가 된다.
5) 頭(두): '머리', '머리털', '꼭대기', '맨 앞쪽', '근처' 등의 다양한 의미로 쓰인다. 그러므로 '簷頭(첨두)'는 '처마 끝'이라는 의미이다.
6) 點(점): '點'은 명사는 '점'이고, 동사로 쓰이면 '점을 찍다' 등의 다양한 의미로 쓰이는 글자다. 여기서는 '물방울 뚝뚝 떨어지는 모양'을 나타낸다.
7) 滴(적): '물방울 적'인데, 여기서는 물방울이 떨어지는 모양을 나타낸다.

8) 差移(차이): 어긋나고 옮기다. 五逆

한자

順(순할 순)　還(돌아오다 환)　忤(거스를 오)　逆(거스를 역)
信(믿을 신)　但(다만 단)　簷(처마 첨)　頭(맨 앞 두)
點(점 점)　滴(물방울 적)　差(어긋날 차)　移(옮길 이)

불교에서의 오역(五逆)

불교에서 말하는 다섯 가지 무거운 죄. 무간지옥(불교에서 말하는 여러 지옥 중 고통이 가장 극심한 지옥)에 떨어진다 해서 오무간업(五無間業)이라고도 한다. 소승불교(小乘佛敎: 사람들을 인도하여 해탈(解脫)을 얻도록 하는 불교 유파)와 대승불교(大乘佛敎: 대승의 교리를 기본이념으로 하는 종파의 총칭)의 오역(五逆)은 약간 다르다.

소승불교 에서는

어머니를 살해하는 것,
아버지를 살해하는 것,
아라한(소승의 수행자들)을 죽이는 것,
악심을 품고 부처의 몸에서 피가 나게 하는 것,
승가의 화합을 깨뜨리는 것이 이에 속한다.

대승불교에서는

첫째, 탑을 파괴하고 경전과 불상을 불태우며 삼보의 물건을 빼앗거나, 그와 같은 짓을 시키는 행위, 또는 그 행위를 보고 기뻐하는 것이 이 죄에 해당하고,

둘째, 성문이나 연각의 법과 대승불교의 법을 비방하는 것,
셋째, 출가자가 불법을 닦는 것을 방해하거나 죽이는 것,
넷째, 소승의 오역 중 한 가지 죄를 범하는 것,
다섯째, 모든 업보는 없다고 생각하고 열 가지 악한 일을 하거나, 타인에게 가르치는 것이 이 죄에 속한다.

忤逆(오역)인가 五逆(오역)인가?

일부의 明心寶鑑(명심보감)에서는 '忤逆' 또는 '五逆'으로 나와 있음을 볼 수 있다. 앞의 머리말에서도 말한 바처럼 明心寶鑑의 원래의 편저자는 中國 明代의 범입본(范立本)이라는 사람이다. 지금 우리가 읽고 있는 것은 조선시대 秋適(추적)의 초략본(抄略本)이다. 원본이나 秋適(추적)의 간추린 明心寶鑑에서는 '忤逆'이 맞다.

혹자는 「주(周)나라 무왕(武王)과 강태공(姜太公)과의 문답에서 강태공이 "不養父母, 爲五逆(부모를 봉양하지 않는 것이 다섯 번째의 거스름이다)"」라는 근거로 '五逆'이라고 쓰고 있다. 맞다, 무왕(武王)과 강태공(姜太公)과의 문답을 보면 분명 '五逆'이라는 어휘를 볼 수 있지만, 여기서의 '五逆'은 본인의 설명대로 '다섯 번째의 거스름이다'가 아니고 '다섯 번째는 "逆"이다'라는 뜻으로 쓰인 것이다.

아래의 본문에서처럼 강태공(姜太公)이 무왕(武王)에게 '사람들은 첫 열 가지의 잘못을 하여 하늘이 아닌 본인 스스로 재앙을 불러 온다'라고 설파하고 있다. 그것은 '錯(착)·誤(오)·痴(치)·失

(실)· 逆(역)· 不祥(불상)· 奴(奴)· 賤(천)· 愚(우)· 强(강)'이다.

위의 열 가지를 제시하였으나 무왕(武王)이 이해를 못하자 더 자세히 설명해 줄 것을 요구하니, 강태공(姜太公)은 예를 들어 말한다.

첫 번째는 '錯(착: 어긋나다, 잘못)'인데, 사내아이를 낳아 잘 가르치지 않는 것이고,
두 째는 '誤(오: 실수하다, 잘못하다)'인데, 어린아이에게 잘못을 타이르지 않는 것이며,
세 째는 '痴(오: 어리석다, 미치광이)'인데, 아내를 맞이하여 잘 가르치지 않는 것이고,
네 째로는 '失(실: 실수하다, 잘못하다)'인데, 말을 건네기 전에 먼저 웃는 것이며,
다섯 번째로는 '逆(거역하다, 배반하다)'인데, 부모를 잘 섬기지 않는 것이고,
여섯 번째로는 '不祥(상스럽지 못하다. 불기한다)'인데, 밤에 옷을 홀딱 벗고 자는 것이며,
일곱 번째는 '奴(노: 노비, 비천함)'인데, 다른 사람의 활을 함부로 당겨 쏘는 행위이고,
여덟 번째는 '賤(천: 천하다)'인데, 다른 사람의 말을 즐겨 타는 것이며,
아홉으로는 '愚(우: 어리석음)'인데, 남의 술을 마시고, 그 술을 또 다른 사람에게 권하는 것이고,
열 번째는 '强(강: 강하다, 협박하다, 억지)'인데, 남의 음식을 강권하고 먹는 것이다.

라고 설명하였더니, 무왕(武王)은 훌륭한 말씀이라고 칭찬을 하였다.

【참고】原文(원문)

太公曰: “人家必有一錯二誤三痴四失五逆六不祥七奴八賤九愚十强。自招其禍, 非天降殃。” 武王曰: “悉愿聞之。” 太公曰: “養男不教訓爲一錯, 嬰孩不訓爲二誤, 初迎新婦不行教訓爲三痴, 未語先笑爲四失, 不養父母爲五逆, 夜起赤身爲六不祥, 好挽他弓爲七奴, 愛騎他馬爲八賤, 吃他酒勸他人爲九愚, 勸(食)他飯命朋友爲十强。” 武王曰: “甚矣, 誠哉斯言也。”

五. 正己篇

01

性理書에 云하되: 「見人之善而尋己之善, 見
성 리 서 운 견 인 지 선 이 심 기 지 선 견
人之惡而尋己之惡이니, 如此라야 方是有益
인 지 악 이 심 기 지 악 여 차 방 시 유 익
이니라.」

性理書에 이르기를: 「남의 착한 것을 보고 자신의 착한 것을 찾고, 남의 악한 것을 보고 자신의 악한 것을 찾을 것이니, 이와 같이 해야 비로소 유익함이 있다.」고 하였다.

풀이

1) 性理書(성리서): 중국 宋(송)나라 때의 儒學(유학)의 한 계통인 성리학에 관한 책으로 사람의 天性(천성)과 우주 생성·발전의 원리를 연구한 책이다.
2) 之(지): 여기서는 관형격 조사로 '~의' 등으로 새긴다.
3) 此(차): '여기, 이것' 등의 다양한 의미로 쓰인다.
4) 方(방): 본시 '사방', '방향' 등의 쓰이지만, 부사로 '비로소' 등의 의미로도 쓰인다.
5) 是(시): '옳다', '바르다' 등의 다양한 의미로 쓰이지만, 여기서는 동사로 '…은 …이다'의 동사로 쓰였다. 즉 '그렇게 해야만 비로소 유익한 것이다' 등으로 새길 수 있을 것이다.

한자

性(성품 성)　理(다스릴 리)　善(착할 선)　尋(찾을 심)
惡(악할 악)　如(같을 여)　此(이것 차)　方(비로소 방)

性理學(성리학)

송(宋)나라 때의 유학(儒學)의 한 계통(系統)으로 성명(性命)과 이기(理氣)의 관계(關係)를 논한 儒家(유가)사상의 한 이론이다. 즉 우주의 생성과 구조, 인간의 심성 구조, 사회에서의 인간의 자세 등을 사색하여 정리한 학문이다. 또는 이학(理學)이라 일컫는다. 송명이학의 대표적인 인물은 송대(宋代)의 정씨(程氏) 형제, 주희(朱熹)와 명대(明代)의 왕양명(王陽明) 등이다.

1) 주돈이(周敦頤)

주돈이(1017~1073) 중국 송나라의 유학자(儒學者)로 도가사상(道家思想)등의 영향을 받고 새로운 유교이론을 창시하였다. 즉, 우주의 근원인 태극(太極:無極)으로부터 만물이 생성하는 과정을 도해(圖解)하여 '태극도(太極圖)'를 그리고, 태극→음양(陰陽)의 이기(二氣)→오행(五行:金·木·水·火·土의 五元素)→남녀→만물의 순서로 세계가 구성되었다고 논하고, 인간만이 가장 우수한 존재이기 때문에, 중정(中正) 인의(仁義)의 도를 지키고 마음을 성실하게 하여 성인(聖人)이 되어야 한다는 도덕과 윤리를 강조하고, 우주생성의 원리와 인간의 도덕원리는 본래 하나라는 이론을 제시하였다.

2) 이정이학(二程理學) - 정경(程경) 정이(程頤)

'이(理)'의 개념은 이미 송대(宋代) 이전에도 있었지만 '이(理)'를 철학의 최고 범주로 강조한 것은 북송(北宋)의 정호(程顥 1033~1107), 정이(程頤 1035~1085) 형제에서 시작되었다.

'이(理)'란 일종의 영원히 객관적으로 존재하는 불생불멸(不生不滅)의 것이며, 그것은 항상 사람과 세계만물의 가운데 존재한다고 생각하였다. '이(理)'는 자연계의 최고 법칙일 뿐만 아니라 사회의 최고 원칙이기도 하다. '이(理)'가 사회윤리 방면에서 나타난 것이 바로 '삼강오상(三綱五常)'이고, '삼강오상'은 신성불가침적인 '천리(天理)'인 것이다.

3) 주희(朱熹)

남송(南宋)에 이르러 이학(理學)의 가장 대표적인 인물은 주희(朱熹, 1130~1200)이다. 그는 중국 봉건사회 후기에 가장 영향력을 가진 사상가로써 주자(朱子)라 존칭된다. 그의 학설은 '주자학(朱子學)'이라 일컬어지며, 대표적인 저작으로는 ≪주자문집(朱子文集)≫ ≪주자어류(朱子語類)≫ ≪사서장구집주(四書章句集注)≫가 있다.

주희는 이정(二程: 정이, 정호)의 '이(理)'의 관념을 직접적으로 계승하면서 이전의 공자 맹자 동중서 및 불학(佛學)의 사상까지 흡수하여 유가도덕(儒家道德)을 '천리(天理)'로 격상시켰으며, '천리'는 만사만물(萬事萬物)의 근본인 동시에 법칙임을 확인하고, 사람들에게 '천리를 가지고 인욕을 버려(存天理, 去人欲)' 도덕을 수양하여 성현(聖賢)이 되어야 한다고 하였다.

02

景行錄에 云하되: 「大丈夫는 當容人이언정 無爲人所容이니라.」

경행록 운 대장부 당용인 무위인소용

景行錄에 이르기를: 「대장부는 마땅히 남을 용서해 줄지언정 남의 용서를 받지 마라.」고 하였다.

풀이

1) 丈(장): '丈'은 '한 장' 즉 '3척(尺; 약 10미터)'을 나타내는 길이의 나타내는 의존명사지만, '어른 장' 등의 존칭의 의미로 쓰인다. 상인(丈人), 장모(丈母) 등이 그것이다.
2) 當(당): 조동사로 '應當(응당) …해야 한다'의 쓰임이다.
3) 容(용): '얼굴' 등의 의미를 가지지만, '容納(용납)하다', '寬容(관용)을 베풀다'의 동사로 쓰였다.
4) 無(무): '없다' 등의 의미지만, 동사 앞에서는 금지사로 '…하지 마라'의 뜻으로 쓰였다.
5) 爲(위): 여기서는 피동의 동사, 즉 "…에게 …을 당하다"라는 의미를 가진다. "所"는 강조의 조사로 쓰였다.

한자

丈(어른 장) 當(당할 당) 容(담을 용) 無(말 무)
所(바 소) 爲(되다 위)

孟子(맹자)의 大丈夫(대장부)

경춘(景春)이라는 사람이 맹자에게 「다섯 나라를 설복시킨 공손연(公孫衍)과 張儀(장의)들은 진정한 대장부가 아닌지요? 이 사람들이 성을 내면 제후들이 두려워하고, 반면 이들이 움직이지 아니하면 천하가 잠잠해집니다.」라고 말했다. 즉 이들의 말 한 마디로 諸侯(제후)거병을 하고 또한 천하가 잠잠해지므로, 이들이 과연 대장부가 아니겠는가를 묻는 말이다.

孟子(맹자)는 「그것이 어찌 대장부라 할 수 있겠소. 그대는 禮(예)를 배우지 않으셨소? 사내는 성인이 되어 冠禮(관례)를 치루면 성인으로서의 도리를 가르치고, 여인이 출가를 하면 어머니는 문밖까지 배웅하면서 '여인이 시집을 가면 시댁의 어른들을 공경하고 몸가짐을 삼가고, 남편을 거역하지 말고 순종하는 것이 아녀자의 길이다'라고 가르칩니다.

진정한 대장부는 천하의 넓은 집에서 살며, 천하의 바른 자리에 서며, 천하의 큰 도를 행하여, 뜻을 얻으면 백성과 더불어 함께하고, 뜻을 얻지 못하면 물러가 홀로 그 도를 실천하는 사람입니다. (居天下之廣居, 立天下之正位, 行天下之大道, 得志與民由之. 不得志獨行其道)

그리고 부귀는 그 마음을 유혹하지 못하고, 빈천도 그의 지조를 바꾸지 못하고, 무력 또한 그의 뜻을 꺾지 않는 이것을 대장부라 하는 것이요.(富貴不能淫, 貧賤不能移, 威武不能屈, 此之爲大丈夫)」

「진정한 대장부란 仁(인)이라는 천하의 넓은 집에서 살며, 禮(예)라는 천하의 바른 이치에서 행하고, 義(의)라는 천하의 바름으로 大道(대도)를 실천하여, 자신의 뜻을 이루게 되면 천하의 사람들과 더불어 누리고, 뜻을 이루지 못하면 조용히 혼자 仁(인)을 실천한다」는 이 문장은 예부터 많은 사람들이 즐겨 인용한 맹자의 명문장이다.

03

太公이 曰:「勿以貴己而賤人하고 勿以自大
태 공 왈 물이귀기이천인 물이자대

而蔑小하고 勿以恃勇而輕敵이니라.」
이멸소 물이시용이경적

太公이 말하기를:「자신을 귀하게 여기고 남을 천시하지 말고, 스스로 크다고 하여 남의 작음을 업신여기지 말며, 용기를 믿고 적을 가볍게 여기지 마라.」고 하였다.

풀이

1) 勿(물): '無(무)'처럼, 대체적으로 動詞(동사) 앞에서 금지사 '…하지 마라'의 의미로 쓰인다. 여기서는 '勿賤人(물천인)' 즉 '남을 천시하지 마라'다.
2) 以(이): 일반적으로 '以'는 '수단과 방법 그리고 도구' 등을 나타내는 전치사로, 여기서는 전치목적어 '貴己(자신을 귀하게 여기다)'를 취하여 동사 앞에서 일종의 부사구를 형성한 것이다.
3) 自大(자대): 스스로 큰 체하다, 스스로 크게 여기다.
4) 蔑(멸): 업신여기다. 蔑視(멸시).
5) 小(소): '작다'의 의미지만, 여기서는 '蔑(멸)' 자와 같은 의미로 '업신여기다'의 의미로 볼 수도 있다. 또는 '小'를 '大'의 상대적인 의미로 보고, '힘없는 사람', '자신보다 못한 사람'으로 새겨, '蔑'의 목적어로 보아도 무방할 것이다. 문장 전체로 보면, 즉 '賤人(남을 천시하다'가 그렇고, '輕敵(적을 가볍게 보다)'가 그렇다.
6) 恃(시): 믿다.
7) 輕(경): 가볍다. 깔보다.
8) 敵(적): 원수. 상대. 맞서다. 對敵(대적).

한자

勿(말 물)	貴(귀할 귀)	賤(천할 천)	蔑(업신여길 멸)
恃(믿을 시)	勇(날쌜 용)	輕(가벼울 경)	敵(상대방 적)

읽어보기 겸손한 마음가짐

晏子(안자)가 齊(제)나라의 政丞(정승)이 되어 외출하는데, 그의 馬夫(마부)의 아내가 문틈으로 그의 남편을 엿보았다. 자기의 남편은 정승의 말을 모는 사람이 되어 네 필 말에 채찍질을 하면서 意氣揚揚(의기양양)하여, 매우 스스로 만족해 하고 있는 것이었다. 남편이 돌아왔을 때 그의 아내는 離婚(이혼)하기를 청하였다. 남편이 그 까닭을 묻자 아내는 이렇게 말하였다.

"晏子(안자)께서는 키가 6 尺(척)도 못되지만 몸이 齊(제)나라의 政丞(정승)이 되고 이름이 諸侯(제후) 사이에 드날리고 있습니다. 그런데 제가 그분의 外出(외출)하는 모습을 보니 뜻과 생각이 깊으며 항상 스스로 몸을 낮추고 있었습니다. 이제 당신의 키는 8 尺(척)이나 되나 남의 수레를 몰면서 마치 자신이 재상인 것처럼 으시대고 거만하게 보였습니다. 이에 저는 그래서 떠나가고자 하는 겁니다."

그 뒤부터 그 마부는 스스로 겸손해 하고 자세를 낮춰 행동을 하였다. 晏子(안자)가 이상하게 여겨 그 事由(사유)를 물었다. 마부는 사실대로 아뢰었다. 晏子(안자)는 그를 推薦(추천)하여 대부(大夫)로 삼았다.

04

馬援이 曰: 「聞人之過失이어든 如聞父母之
마원 왈 문인지과실 여문부모지

名하여 耳可得聞이언정 口不可言也니라.」
명 이가득문 구불가언야

馬援이 말하기를: 「남의 허물을 들으면 부모의 이름을 듣는 것과 같이 하여, 귀로는 들을 수 있어도 입으로 말해서는 안 된다.」 하였다.

풀이

1) 馬援(마원): 中國 後漢(후한) 때 사람으로 많은 무공을 세워 伏波將軍(복파장군)으로 임명되었다.
2) 過(과): 지나다, 허물 등의 의미를 가진다.
3) 得(득): 얻다, 이득 등의 의미를 가지지만, 여기서는 '可(가)'와 함께 '…할 수 있다'의 조동사 용법이다.

한자

馬(말 마)	援(당길 원)	聞(들을 문)	過(허물 과)
失(잘못 실)	名(이름 명)	耳(귀 이)	得(얻을 득)
口(입 구)	言(말씀 언)		

사전에 '諱(휘)' 자를 찾아보면 '죽은 어른의 생전의 이름'이라는 설명을 볼 수 있다. 「이것이 언제부터 시작되었는가는 확실

하지 않지만, 『예기(禮記)』「곡례(曲禮)」에는 졸곡(卒哭)을 지낸 뒤에 비로소 휘한다든가, 두 글자로 된 이름은 한 글자만 휘한다든가, 조정에서는 사사로운 휘는 하지 않는다는 등 죽은 자에 대한 기휘(忌諱), 즉 피휘(避諱)에 대해 자세하게 설명을 하였다. 산 사람에 대한 휘, 즉 생휘(生諱)의 풍습은 진(秦)나라 때부터 시작되었다.」라는 백과사전의 설명도 찾을 수 있다.

중국은 물론이고 우리 한국도 이러한 생휘(生諱)의 풍습이 생활 곳곳에 스며져 있음을 볼 수 있다. '김충남의 고전(古典)에서 길을(이름 대신 부르는 이름)'에는 '諱(휘)'에 대한 상세하고도 재미있는 설명을 읽을 수가 있다.

「그런데 옛날 사대부 집안에서는 태어날 때 지은 본 이름을 부르는 것을 금시기하고 있다. 그러므로 평생 본 이름을 부를 기회가 거의 없다 할 수 있다.

조선시대에 사람이름을 '휘(諱)'라고 했는데 이는 '꺼린다'는 뜻이다. 즉 이름을 친근하게 부르는 대상이 아니라 조심하고 경계해야 할 그 무엇으로 생각한 것이다.

이는 당시 사람들이 이름을 신성시하는 경향이 있었기 때문이다. 즉 이름은 그 사람 자체를 나타내고 또 그 사람의 사주를 놓고 짓기 때문에 그 사람의 이름을 보면 그 사람의 운명을 알 수 있는 것이다.

만약 남이 네 이름을 통해서 내 운명을 안다면 얼마나 자존심이 상하겠는가. 마치 벌거벗은 몸을 보여주는 것과 같은 것이라 할 수 있다. 그래서 본명대신 아이 때는 아명(兒名), 성인이 되어서는 자(字)나 호(號)를 지어 부르고 또한 학덕이 높고 나라에 공이 많은 사람은 죽어서는 나라에서 시호(諡號)를 지어준다.

이처럼 조선시대에는 이름을 갖고 있어도 평생 동안 이름을 부를 경우는 거의 없는 것이다.

남들 앞에서 자기 아버지의 이름을 밝힐 경우에도 이름 석 자를 그대로 부르지 않고 무슨 자 무슨 자라고 해야 한다.

예를 들어 '아버지 이름이 '홍길동'이라면 '홍' '길자' '동자'이십니다.'라고 해야 하는 것이다. 그러면 본 이름대신 부르는 '아명(兒名)' '자(字)' '호(號)' '시호(諡號)'에 대해 살펴보겠다.

▲ 아명(兒名) 즉 '아이 때 부르는 이름'이다.

옛날에는 아명을 '개똥이' '똥례' '돈아(豚兒)' 등 천하게 지었다. 왜냐하면 아이 이름을 너무 고귀한 뜻으로 지으면 귀신이 아이가 귀염을 받는 아이구나라고 여기고 먼저 잡아간다고 여겼다.

그래서 귀신의 투기를 피하기 위해 이름을 천하게 지었다. 또한 그 당시는 의술이 발달되지 못한 때라 사람들은 귀신이 아이들을 잡아간다고 생각하였다.

그리하여 사대부 집안에선 악귀를 막는 의미의 한자를 아명으로 썼고 평민 집안에선 '똥' '개' 자가 들어가는 이름으로 아명을 썼다. 고종 황제의 아명이 '개똥이'였다고 한다. 왜냐하면 고종황제의 아버지인 흥선대원군의 가정 형편이 어려웠을 때 지었기 때문이다.

평민들은 어릴 때의 아명으로 평생을 지내는 경우가 대 부분이었다.

여자들은 태어나도 이름을 지어주지 않고 '꽃님이' '날님이'처럼 예쁜 아명을 지어 불렀다. 그리고 시집을 가서는 사대부의 경우에는 친척간의 호칭이나 '새아씨' '마님' 등으로 불렀고 평민들은 그저 '새댁' 또는 친정동네 이름을 따서 '청주 댁' '충주댁'처럼 그 지명으로 이름을 대신했다.

또한 여자들은 족보나 지방(紙榜: 신주를 모시고 있지 않는 집안에서 차례나 기제사(忌祭祀) 때 종이에 써서 모신 신위)에도 '김해 김씨' 등 성씨만 기재하였다.

그러다가 여자가 이름을 갖게 된 것은 일본에게 나라를 빼앗긴 경술국치(1910년 8월 29일) 이후이다.

▲ 자(字)나 호(號)는 성인이 되었을 때 지어 부르는 이름이다.

옛날에는 사람의 성장과정을 단순히 '아이'와 '어른'으로 구분하였다.

아이는 19세까지이고 이때는 댕기머리를 한다.

그러다가 20세가 되면 비로소 어른 즉 성년이 되어 성년식인 관례(冠禮)를 치른다.

즉 상투를 틀고 갓을 쓰는 관례를 치른 다음에야 비로소 어른으로서 행세를 하게 된다.

여자는 15세가 되면 성인식으로 쪽을 찌고 비녀를 꽂는 계례

(笄禮)를 행하였다.

관례를 치른 다음에 스승이나 집안 어른들이 지어주는 별명이 자(字)나 호(號)이다.

자(字)는 이름자와 비슷하게 짓거나 품성과 관련된 글자를 써서 지었고 호(號)는 일종의 별명으로서 그 사람의 성격이나 특징, 취미, 거주지, 인생관 등을 반영하여 지었다.

어떤 경우는 우리에게 이름보다 호가 더 잘 알려진 경우도 많다.

예를 들면, 명필 '한석봉(韓石峯)'은 호가 석봉(石峯)이고 이름이 호(濩)이다. 이처럼 우리는 호(號)를 이름처럼 알고 있는 경우도 많다.

김정희(金正喜)선생의 자(字)는 원춘(元春)이고 호(號)는 추사(秋史) 완당(阮堂)등 무려 백여 개가 넘는다.

조선시대까지는 호를 대개 한자로 지었으나 한말이후부터는 한글로 지은 호도 많이 나왔다. 국어 학자이신 '주시경' 선생의 호는 '한샘'이고 시조작자 이병기의 호는 '가람'이며 한글학자 '최현배' 선생의 호는 '외솔'이다.

▲ 시호(諡號)는 나라에 공덕이 많은 신하나 학자들이 죽은 뒤에 그 생전에 공덕을 기리어 임금이 내려준 호이다.

이순신 장군에게는 장군이 세상을 뜬 뒤 나라에서 국가의 변란에 임하여 충성을 다해 무(武)로써 나라를 지켰다는 의미로 충무공(忠武公)이라는 시호를 내렸다.

이처럼 시호는 그 사람의 생전의 업적에 해당하는 글자를 가려서 지었다. 그래서 시호(諡號)를 보면 그 사람이 국가를 위해 어떤 일을 했고 어떤 성품을 지닌 분이었는지를 알 수 있는 것이다.

조선시대 대학자이신 '이이(李珥)'의 자는 '숙헌(叔獻)', 호는 '율곡(栗谷)' 시호는 '문성(文成)'이다.

또한 이황(李滉)의 자는 '경호(景浩)', 호는 '퇴계(退溪)' 시호는 '문순(文純)'이다.

두 분의 시호(諡號)에 모두 문(文)자가 있는 것을 보면 문인(文人), 즉 학자로서 공덕을 높이 쌓으신 분이라는 것을 알 수 있다.

▲ 휘(諱)는 돌아가신 분의 이름을 말하고 또한 묘비에 고인의 이름자 앞에 쓴다. 예를 들면 '諱 길동'이라고 쓴다.

▲ 그렇다. 자신의 인생관이 담겨진 호(號)를 하나 지어서 그 호(號) 대로 살아 봄이 어떠할는지?」

05

康節邵先生이 曰: 「聞人之謗이라도 未嘗怒
강 절 소 선 생 왈 문 인 지 방 미 상 노
하며, 聞人之譽라도 未嘗喜하며, 聞人之惡이
문 인 지 예 미 상 희 문 인 지 악
라도 未嘗和하며, 聞人之善이면 則就而和之
미 상 화 문 인 지 선 즉 취 이 화 지
하고 又從而喜之니라. 其詩에 曰 樂見善人하
우 종 이 희 지 기 시 왈 낙 견 선 인
며 樂聞善事하며 樂道善言하며 樂行善意하
낙 문 선 사 낙 도 선 언 낙 행 선 의
고, 聞人之惡이어든 如負芒刺하고 聞人之善
문 인 지 악 여 부 망 자 문 인 지 선
이어든 如佩蘭蕙니라.」
여 패 난 혜

康節邵 선생이 말하기를: 「남의 비방을 들어도 성내지 말며, 남의 칭찬을 들어도 기뻐하지 말며, 남의 악함을 듣더라도 부응하지 말며, 사람의 선함을 듣거든 곧 나아가서 부응하고 또한 따르고 기뻐할 것이다."라고 하였다. 그의 시에는 "착한 사람 보기를 즐거워하며, 착한 일 듣기를 즐거워하며, 착한 말하기를 즐거워하며, 착한 뜻 행하기를 즐거워하고, 남의 악한 것을 듣거든 가시를 등에 진 것같이 하고, 남의 착한 것을 듣거든 난초를 몸에 지닌 것같이 하라.」고 하였다.

풀이

1) 康節邵(강절소): 성은 邵(소), 이름은 雍(옹)으로, 康節(강절)은 시호(諡號)이다. 宋代(송대)의 儒學者(유학자)이다.

2) 謗(방): 헐뜯다. 비방하다.

3) 未嘗(미상): 일찍이 … 한 적이 없다. 嘗; 맛보다. 일찍이.

4) 和(화): '和'는 '합치다', '서로 응하다' 등의 의미를 가지는데, 첫 번째 '和'는 '附和雷同(부화뇌동: 자신의 주견 없이 남의 의견에 따라 행동함)'의 의미이고, 뒤의 '和'은 '和答(화답)하다'의 '和'이다. 즉 '선을 들으면 찬양하고 답하다'의 의미를 가진다.

5) 就而和之(취이화지): 나아가 그와 어울림. '就'는 '이루다', '좇다', '다가가다' 등의 의미를 가진다. 즉 '다가가서 그 선행에 대해서 호응하고 칭찬하다'의 새길 수 있다.

6) 從而喜之(종이희지): '從'은 '뒤 따르다', '喜'은 '기쁘다'의 의미를 가지므로 '선을 따르고(선행을 본받아 따라 하고) 또한 기뻐할 것이다' 등의 의미를 갖는다.

7) 樂(락): '즐겁다'의 의미에서 '즐겁게', '즐거운 마음으로'로 새긴다. 즉 '즐거운 마음으로 착한 사람(善人)을 대하고', '즐거운 마음으로 미담(善事)을 듣고', '즐거운 마음으로 좋은 말씀(善言)을 전하며', '즐거운 마음으로 호의(善意)를 베풀 것이다.' 등이 그러하다.

8) 負芒刺(부망자): '負'는 '등에 짐을 지다', '책임을 지다' 등의 의미를 가지고, 芒刺는 '까끄라기와 가시'의 의미를 가진다. '까끄라기'는 '벼, 보리 따위의 낟알 껍질에 붙은 깔끄러운 수염, 또는 그 동강이'이를 말하는데, 몸속에 까끄라기가 붙어 있으면 무척이나 성가시고 은근히 불쾌한 법이다.

9) 佩蘭蕙(패난혜): '佩(패)'는 '노리개', '몸에 차' 등의 의미를 가지고, '蘭蕙'는 '난초'를 말함이다. '난초'의 향은 은은하여 향의 일품으로 꼽는다. 우리가 몸소 선한 일을 하지 않더라도 신문과 방송에서 누가 선행을 하였다는 소리를 들으면 우리는 같이 흐뭇해 하고 기분이 좋은 것과 같다는 의미일 것이다.

한자

譽(기릴 예)　嘗(일찍이 상)　就(나갈 취)　喜(기쁨 희)

道(말씀 도)　負(질 부)　芒(까끄라기 망)　佩(찰 패)

06

道吾善者는 是吾賊이오, 道吾惡者는 是吾師니라.
도오선자 시오적 도오악자 시오사

나를 착하다고 말하는 사람은 나에게 해로운 사람이요, 나의 단점을 말하는 사람은 나의 스승이다.

풀이

1) 道(도): '길', '방법', '사상' 등의 의미에서 '말하다'의 의미로도 쓰이는 글자다.
2) 是(시): '옳다', '바르다' 등의 의미를 가지지만, 경우에 따라 '이것' 등을 나타내는 대명사의 의미로도 쓰인다.

한자

道(말씀 도)　吾(나 오)　善(착할 선)　賊(도독 적)
惡(악할 악)　是(이 시)　師(스승 사)

07

太公이 曰:「勤爲無價之寶요 愼是護身之符니라.」

태 공 왈 근위무가지보 신시호신지부

太公이 말하기를:「부지런함은 값을 따질 수 없는 귀중한 보배요, 삼가 함은 몸을 보호하는 부적이다.」라고 하였다.

풀이

1) 爲(위): '爲' 자가 동사로 쓰이는 경우, '…하다', '만들', '…은 …이다', '…으로 변하다' 등의 의미로 쓰인다. 여기서는 뒤의 '是'와 같은 의미로 쓰였다. '是'도 동사로 '…은 …이다'의 의미를 가진다.

2) 符(부): 여기서는 符籍(부적)을 말함이다. 불교 등에서 잡귀를 쫓고 재앙을 물리치기 위하여 붉은색으로 글씨를 쓰거나 그림을 그려 몸에 지니거나 집에 붙이는 종이를 符籍(부적)이라 한다.

한자

勤(부지런할 근)	爲(될 위)	無(없을 무)	寶(보배 보)
愼(삼갈 신)	護(보호할 호)	身(몸 신)	符(부신 부)

읽어보기 光化門(광화문)

태조 이성계는 유교(儒敎)를 국시(國是)로 정하고 국민정신을 일신하여 국가와 민족을 발전시키기 위하여 1394년 한양으로 천도하여 새로운 궁궐을 건설하고 정도전에게 궁궐 명(名)을 짓게 하였다.

정도전은 시경(詩經)에 '군자만년, 개이경복(君子萬年, 介爾景福)'이라는 구절에서 경복(景福)이라는 두 글자를 취하여 경복궁(景福宮)이라고 하였다. 경복의 의미는 임금과 후손들이 영원토록 큰 복을 누리며 국가와 민족이 무궁토록 발전하라는 것이다. 임금이 집무하는 건물의 명칭은 명심보감(明心寶鑑)에 근위무가지보(勤爲無價之寶)라는 구절에서 근(勤)자를 취하여 근정전(勤政殿)이라고 하였다.

그 의미는 부지런한 것은 값을 매길 수 없는 무한한 가치를 가진 보배이므로 임금이 부지런하면 백성이 부지런하고 백성이 부지런하면 민족과 국가는 영원히 발전하는 것이니 임금은 근(勤)이라는 보배를 잡고 백성과 국가를 위하여 정사를 돌보라는 것이다.

경복궁 주위에는 약 2km의 궁성을 쌓고 네 개의 문을 건설하였다. 동쪽의 문을 건춘문, 서쪽의 문을 영추문, 북쪽의 문을 신무문, 남쪽의 문을 광화문(光化門)이라고 하였다. 광화문은 무지개형으로 된 세 개의 홍예문(虹霓門)으로 건설하여 왼쪽문은 문신이 출입하고, 오른쪽 문은 무신이 출입하며, 가운데 문은 임금이 출입하도록 하였다.

광화(光化)의 의미는 햇빛과 같이 밝은 덕을 의미하는 것이므로 광화문으로는 올바른 임금의 명령을 전달하고 올바른 백성들의 의견을 임금께 올리는 공명정대한 사람만 출입하라는 것이다.

08

景行錄에 曰:「保生者는 寡慾하고 保身者는
경행록 왈 보생자 과욕 보신자

避名이니 無慾은 易나 無名은 難이니라.」
피명 무욕 이 무명 난

景行錄에 이르기를:「삶을 보전하려는 자는 욕심을 적게 하고, 몸을 보전하려는 자는 명성을 멀리해야 한다, 욕심을 없애기는 쉬우나 이름을 없애기는 어렵다.」고 하였다.

풀이

1) 保生者寡慾(보생자과욕): '삶을 온전히 보전하려는 사람', 즉 지나친 慾心(욕심)으로 자신의 삶 뿐만 아니라 나가서는 가족 사회에 막대한 영향을 끼친다. 그러므로 자신의 분수에 맞는 작은 욕심을 가져야 한다는 말이다. '寡慾'과 수리가 같은 '過慾'이 있다. '過慾'은 '욕심이 지나치다'는 뜻이다.

2) 寡(과): '적다', '수량(數量)이 적다', '작다', '약하다' 등의 다양한 의미로 쓰인다.

   * 寡婦(과부): 홀어머니.
   * 寡人(과인): '덕이 적은 사람'이라는 의미로, 임금이 자신을 낮추어 부르는 謙稱(겸칭)이다.
   * 獨寡占(독과점): 하나 혹은 소수의 특정 자본이 생산과 시장을 지배하고 이익을 독차지하는 상태.

3) 易(이): '難(어려울 난)'의 반대말 '쉽다'의 의미를 가진다. 그러나 '교환하다', '점을 치다' 등의 의미에서는 '역'으로 발음한다.

한자

保(지킬 보)　寡(적을 과)　慾(욕심 욕)　避(피할 피)
名(이름 명)　易(쉬울 이)　難(어려울 난)

엮어보기 다섯 번 이겨도 져도 한글로는 '5연패'

'오랫동안 외세 침략을 당한 민족이어서 배외 감정이 크다'의 '배외'와 '외국 것이라면 무조건 좋아하는 배외 정신은 버려야 마땅하다'의 '배외'는 같은 말일까? 정반대 뜻이다. 전자는 '외국 것을 배척해 물리친다'는 '배외(排外)'이고, 후자는 '외국 것을 맹목적으로 숭배한다'는 '배외(拜外)'다.

한글 전용의 커다란 맹점 중 하나가 '동음반의어(同音反義語)', 즉 '소리는 같은데 뜻은 반대인 용어'의 존재다. 한글로 '5연패'라고만 쓰는 경우 연패가 잇따라 이겼다는(連覇) 것인지 잇따라 졌다는(連敗) 것인지 알 수 없게 돼 버린다.

자칫 안전사고로 연결될 수 있는 동음 반의어도 있다. '방화(防火)' '방수(防水)'는 각각 '불을 막다' '물을 막다'는 뜻인데, '방화(放火)' '방수(放水)'라고 쓰면 '불을 지르다' '물을 흘려보낸다'는 뜻이 된다.

'실권(實權)'은 '실제로 행사할 수 있는 권리나 권세'란 뜻인 반면 '실권(失權)'은 '권리나 권세를 잃는다'는 뜻이다. 한글로 '실권자'라고만 적어 놓으면 의미가 혼란스러워진다. 비슷한 경우로 '실효(實效 · 실제로 나타나는 효과)'와 '실효(失效 · 효력을 잃음)'가 있다.

'저 여성은 정부다'라고만 하면 칭찬인지 비난인지 알 수 없다. '정부(情婦)'는 '아내가 아니면서 정을 두고 깊이 사귀는 여성', '정부(貞婦)'는 '슬기롭고 절개가 굳은 여성'이란 뜻이기 때문이다. 또 ▲'수상(受賞)'은 '상을 받는다', '수상(授賞)'은 '상을 준다' ▲'소음(騷音)'은 '시끄러운 소리', '소음(消音)'은 '소리를 없애거나 작게 한다' ▲'과욕(過慾)'은 '욕심이 지나치다', '과욕(寡慾)'은 '욕심이 적다'는 뜻이다. 조선일보 유석재 기자(2013.03.03)

09

定心應物이면 雖不讀書라도 可以爲有德君子니라.

정심응물 수부독서 가이위유덕군자

마음을 편하게 다스리고 사물에 순응할 수 있다면 비록 글을 읽지 않았다 하더라도 덕이 있는 군자가 될 수 있다.

풀이

1) 定心應物(정심응물): '定心'은 '마음이 안정되다', '마음이 편하다(安心)' 등의 의미에서 '마음을 편하게 다스리다', '수양으로 마음을 다스리다'로 해석이 된다. '應物'은 '順應事物(순응사물)' 즉 '사물(자연)에 순응하다', '자연의 섭리에 따르다' 등으로 이해된다. '마음가짐을 안정되게 하여 모든 일을 대한다면', '마음을 바르게 하여 사물을 대하다', '마음을 안정시켜 사물에 응하다' 등의 많은 풀이를 볼 수 있는데, 궁극적으로는 같은 의미라고 할 수 있다.

2) 德(덕): '德'에 대한 국어사전에는 다음과 같은 설명을 볼 수 있다. (1) 도덕적·윤리적 이상을 실현해 나가는 인격적 능력. (2) 공정하고 남을 넓게 이해하고 받아들이는 마음이나 행동.

한자

定(정할 정)	應(응할 응)	物(만물 물)	雖(비록 수)
書(글 서)	德(어진이 덕; 도덕 덕)		君(임금 군)

알아보기 적벽대전(赤壁大戰)

영화 적벽대전에서는 조조(曹操)가 이끄는 군대와 제갈량(諸葛亮)의 지휘를 받는 촉(蜀)과 오(吳)나라 연합군관의 일전이 장강(長江)의 적벽(赤壁)이라는 곳에서 제갈량이 동남풍을 이용해서 거대한 조조의 군대를 섬멸했다는 이야기의 그린 영화다.

먼저 위서(魏書; 魏의 역사를 기록한 책) 무제기(武帝紀)에는 "조조(曹操)는 적벽에 도착하여 유비와 싸웠지만, 형세가 불리했다. 이때 역병이 크게 창궐하여 병사들이 많이 죽었다. 그래서 조조는 군대를 이끌고 돌아왔다."고 적혀 있으며, 촉서(蜀書; 蜀의 역사서) 선주전(先主傳; 유비)에는 "유비는 제갈량을 보내 손권(孫權)과 손을 잡았다. 손권은 주유(周瑜), 정보(程普) 등 수군(水軍) 수만 명을 보내 유비(劉備)와 힘을 합쳐 조조(曹操)와 적벽에서 싸움을 하여 크게 격파시키고 그의 군선을 불태웠다."고 되어 있고 제갈량전(諸葛亮傳)에는 제갈량이 손권을 설득하여 군대를 파견하도록 하여 조조를 격파하니, 조조는 철군하였다는 내용이 기술되어 있다. 그리고 오서(吳書) 오주전(吳主傳; 손권)에는 "주유와 정보는 좌우독(左右督)이 되어 각각 1만 명을 인솔하여 유비와 함께 진격해 적벽에서 맞부딪쳐 조조 군대를 크게 격파시켰다. 조조는 남아 있는 배에 불을 지르고 군대를 이끌고 물러났다."라고 간단히 기록되어 있나. 하지만 주유전(周瑜傳)에는 비교적 상세하게 적혀있는데, 대략 "손권이 주유와 정보로 하여금 유비와 힘을 조조에게 대항토록 하니 두 군대는 적벽에서

만났는데, 조조의 병사들이 질병에 걸려 있었으므로 처음 전투에서 조조군이 패했다. 주유는 부장 황개(黃蓋)의 계책을 듣고 항복을 위장하여 몰래 조조군의 서로 연결된 함대 안으로 불이 붙은 배를 돌격시켜 조조군을 크게 무찔렀다."라는 내용으로 기록되어 있다. 이것들로 미루어 화공을 이용한 적벽대전이 실제 일어났던 일임은 분명하지만, 황개가 고육계(苦肉計)를 사용할 것을 주유에게 건의하여 스스로를 희생한 일이나 방통(龐統)의 연환계(連環計), 제갈량의 동남풍(東南風) 등은 작가가 지어낸 허구일 가능성이 높다는 사실을 알 수 있다.

10

子曰: 「衆이 好之라도 必察焉하며 衆이 惡之
자 왈 중 호 지 필 찰 언 중 오 지
라도 必察焉이니라.」
필 찰 언

孔子가 말씀하시기를: 「모든 사람이 좋아할지라도 반드시 살펴야하고, 모든 사람이 미워할지라도 반드시 살펴야 하느니라.」고 하셨다.

풀이

1) 焉(언): 어찌 언. 이에 언. 어조사 언.

(1) '焉'은 '於之(于之)'의 준말이라고 한다(急讀音).

예: 三人行, 必有我師焉. → 必有我師於之

三人行, 必有我師於三人中

(여러 사람이 함께 길을 가 면 그 여러 사람 속에는 나의 스승이 있다.)

(2) 어찌

예: 焉敢生心(언감생심)

어찌 감(敢)히 그런 마음을 먹을 수 있으랴!

割鷄焉用牛刀(할계언용우도)

닭을 가르는 데에 어찌 소 잡는 큰 칼을 쓰랴!

(3) 어기조사: 문미에서 어투나 음을 고루기 위하여 쓰는 조사

예: 大道廢焉, 有仁義. (대도폐언, 유인의)

큰 도(道)가 무너지자 인의(仁義)가 있게 되었다. (인위적인 도덕과 윤리에 얽매이면서부터 참된 진리(眞理)를 잊었다는 뜻)

한자

衆(무리 중)　　好(좋을 호)　　察(살필 찰)　　焉(어조사 언)
惡(미워할 오)

들어보기

본문과 비슷한 내용의 글이 論語(논어)에서도 찾을 수 있다.

子貢問曰:「鄕人皆好之, 何如?」子曰:「未可也.」「鄕人皆惡之, 何如?」子曰:「未可也, 不如鄕人之善者好之, 其不善者惡之.」

(子路 第二十四)

子貢이 묻기를「고을 사람들이 모두 좋아하면 그 사람은 어떻습니까?」라고 하였다. 孔子가 말씀하시기를「반드시 좋은 사람이라고는 볼 수 없다(好人일 수는 없다).」라고 하였다. 묻기를「고을 사람들이 모두 미워하면 그 사람은 어떻습니까?」라고 하니, 孔子가 말씀하시기를「반드시 나쁜 사람이라고 볼 수 없다(惡人일 수도 없다). 고을 사람 중에서 善한 사람은 그를 좋아하고, 善하지 않은 사람은 그를 싫어하는 것만 같지 못하다.」라고 하셨다.

11

醉中不語는 眞君子요 財上分明은 大丈夫니라.
취중불어 진군자 재상분명 대장부

술 취한 가운데도 말이 적으면 참다운 군자요, 재물에 대해 분명한 사람은 대장부이니라.

한자

醉(취할 취)	語(말씀 어)	眞(참 진)	君(임금 군)
財(재물 재)	明(밝을 명)	丈(어른 장)	夫(지아비 부)

읽어보기

유향(劉向)의 설원(說苑)에는 '술이 들어가면 혀가 나오고 혀가 나오면 말에 실수가 따르고 말 실 수를 하면 몸을 망친다.' 하는 구절이 있다.

또한 '재물에 대하여 분명하다'라는 말은 작은 금전거래라고 하더라도 주고받음이 분명해야 한다. 더욱 가까운 사이일수록 소홀히 하면 우정에 금이 가고 형제간의 화목이 깨지는 것이다.

12

太公이 曰:「欲量他人이어든 先須自量하라.
태 공 왈 욕 량 타 인 선 수 자 양

傷人之語는 還是自傷이니 含血噴人이면 先
상 인 지 어 환 시 자 상 함 혈 분 인 선

汚其口니라.」
오 기 구

太公이 말하기를:「다른 사람을 헤아리고자 하면 먼저 스스로를 헤아려 보라. 남을 해치는 말은 도리어 스스로를 해치는 것이니, 피를 머금고 남에게 뿜자면 먼저 자기의 입이 더러워진다.」고 하였다.

풀이

1) 還(환): 여기서는 "도리어, 반대로"라는 부사로 쓰였다.
2) 含血噴人(함혈분인): 피를 머금어 남에게 뿜음. 즉 남을 헐뜯고 비방함. (머금을 함, 피 혈, 뿜을 분, 사람 인)
3) 汚(오): 더러워지다. 더럽게 하다.

한자

欲(하고자할 욕) 量(헤아릴 량) 他(다를 타) 先(먼저 선)
須(모름지기 수) 傷(상처 상) 還(돌아올 환)

봉중근 義士

요즘 한국 야구팬들은 일본 야구 국가대표팀 약 올리기에 신이 났다. 엄밀히 말하면 일본 대표타자 이치로 약 올리기다.

지난 9일 월드베이스볼클래식(WBC) 아시아 1, 2위 결정전에서 한국은 일본에 1대 0 완봉승을 거뒀다. 한국 선발투수 봉중근은 6회 1사까지 일본 타선을 3안타, 무실점으로 틀어막아 승리의 디딤돌을 놓았다.

특히 봉중근은 이치로와의 3차례 대결을 모두 내야땅볼로 처리했다. 이를 한 네티즌이 '봉중근 의사 이치로 저격사건'이라고 패러디한 것이 인터넷에서 급격하게 퍼지고 있다. 안중근 의사가 이토 히로부미를 저격한 것을 빗댄 것으로 초교 교과서에 나올 법한 삽화까지 그려져 있다.

이치로는 일본 리그에서 9년 동안 수위타자 7회, MVP 3회를 기록한 최고 타자다. 2001년 메이저 리그로 옮겨 첫해에 수위타자 MVP 도루왕 신인왕을 휩쓸었다. 8년 연속 200안타 이상을 쳐냈고, 2004년에는 262안타로 세계기록을 세우기도 했다. 한마디로 얄밉지만 인정하지 않을 수 없는 선수이다.

그러나 한국팬에게는 미운털이 톡톡히 박혀 있다. 그의 '입' 때문이다. 2006년 1회 WBC 대회 전에 이치로는 "한국야구는 앞으로 30년이 지나도 일본야구를 이기지 못할 것"이라고 발해 한국팬들의 분노를 불렀다. 네티즌들은 '입치료'가 필요하다며 빈정거렸다.

이 말은 한국 선수단을 똘똘 뭉치게 하는 자극제가 돼 일본은 한국에 2연패의 수모를 당했다. 당시 한국에 지고 난 뒤 TV 화면에는 이치로가 화를 내는 모습이 잡히기도 했다.

그런 이치로도 올해는 입조심을 많이 했다. 1차전을 콜드게임으로 이겼을 때는 '한국과 일본의 수준차는 종이 한 장'이라며 말을 아꼈다. 2차전에서 완패한 뒤에는 '전승할 생각이었는데 져서 화가 난다'고 했을 뿐 돌출발언은 자제했다.

이번 대회 전에 이치로는 하라 감독과 '이겨도 까불며 떠들지 않고, 기쁜 얼굴도 보이지 말자'고 약속했다 한다. 말이 약속이지 상대의 결속력을 다지게 하는 자극적인 말을 하지 말라는 이치로의 입에 대한 감독의 경고였을 것이다.

하라 감독은 太公(태공)이 말한 '傷人之語 還是自傷 含血噴人 先汚其口(상인지어 환시자상 함혈분인 선오기구: 남을 해치는 말은 도리어 자신을 해치니 피를 머금어 남에게 뿜으면 먼저 자기 입이 더러워진다.)'의 뜻을 잘 알고 있었나 보다.

(매일신문 2009.03.11.) 정지화 논설위원

13

景行錄에 曰:「心可逸이언정 形不可不勞요
경 행 록　　왈　　심 가 일　　　　　　형 불 가 불 로

道可樂이언정 心不可不憂니 形不勞則怠惰
도 가 락　　　　　심 불 가 불 우　　형 불 로 즉 태 타

易弊하고 心不憂卽荒淫不定이라. 故로 逸生
이 폐　　　　심 불 우 즉 황 음 부 정　　　　고　　일 생

於勞而常休하고 樂生於憂而無厭하나니 逸
어 로 이 상 휴　　　　락 생 어 우 이 무 염　　　　　일

樂者는 憂勞를 豈可忘乎아.」
락 자　　우 로　　기 가 망 호

景行錄에 이르기를:「마음은 편하게 할지언정 육신은 수고롭게 하지 않을 수 없고, 도(道)는 즐길지언정 마음은 근심하지 않을 수 없나니, 육신은 수고롭게 하지 않으면 게을러서 허물어지기 쉽고, 마음이 걱정하지 않으면 주색에 빠져서 바르게 정하지 못한다. 그러므로 편안함은 수고로움에서 생기어 항상 기쁘고, 즐거움은 근심하는데서 생기어 물리지 아니하니, 안락하게 지내려는 자가 어찌 근심과 수고로움을 잊을 수 있겠는가!」라고 하였다.

풀이

1) 心可逸(심가일): "心可逸"에서 心은 주어가 아니라 逸의 목적어이다. '心'을 앞으로 당겨 강조하였다. '逸'은 '달아나다', '숨다', '안일하다', '방종하다' 등의 의미를 가진다. 여기서의 '逸'은 '放任(방임)하다'의 의미로 '마음을 편안하게 하다'의 의미를 가진다.

2) 形(형): 나타난 형제. 여기서는 "몸"을 뜻함.

3) 勞(노): '일하다', '노력하다'의 의미이다.

4) 道可樂(도가락): '安貧樂道: 가난한 생활을 하면서도 편안한 마음으로도(자신이 지향하는 바)를 즐기다'라는 말이 있다. 여기서도 '道'는 '樂'의 목적어인데, 앞으로 도치시킨 것이다.

5) 怠惰(태타): '怠'와 '惰'는 모두 '게으르다'의 의미이다.

6) 弊(폐): '해지다', '나쁘다' 의미이고, 여기서는 '疲弊'(지치고 쇠약해짐)의 의미이다.

7) 休(휴): '쉬다', '그치다' 등의 의미를 가지만, 여기서는 '길하다', '아름답다', '복되다'의 의미이다. 즉 '마음이 편함은 육체의 수고로움에서 생겨 언제나 아름다운 것이다'라고 새길 수 있을 것이다.

8) 厭(염): '싫다', '물리다' 등의 의미이다.

9) 荒淫(황음): 酒色(주식)에 빠지다.

한자

逸(편안할 일)　憂(근심할 우)　易(쉬울 이)　豈(어지 기)

이 글은 마음과 몸을 간직해 나가는 방법을 일러준 것이다. 마음은 편안히 가지되 몸은 수고롭게 해야 한다. ---일을 하지 않고 놀고 있으면 게을러져서 정신건강이 피폐해진다. 만일 이와 반대로 몸을 편안히 하고 마음만 끊여봐라. 일은 하나도 이루지 못하고 헛된 망상만을 되풀이할 것이다.

또 道를 즐기되 마음으로 항상 바른 道를 향해 가고 있는가를 걱정해야 한다. ---道는 올바른 인생을 걸어가는 길이다. 道

를 즐기고 추구하되 마음으로는 항상 道에서 벗어나지 않을까 걱정해야 한다. 만일 반성하지 않고 放心(방심)을 하면은 마음은 금방 放縱(방종)하게 되고 방향을 잃고 만다.

그러므로 육체적으로 노력하면서 얻은 편안한 마음은 항상 안정을 잃지 않고, 마음으로 人道에서 벗어날까 근심하면서 道를 즐기는 즐거움은 싫증나는 일이 없는 진정한 즐거움이다. 그러므로 마음을 편안히 갖고 인생을 즐기는 사람은 잠시도 마음의 근심과 몸의 수고를 잊지 말고 실천한다.

박일봉 명심보감(育文社)

14

耳不聞人之非하고 目不視人之短하고 口不
이 불 문 인 지 비　　목 불 시 인 지 단　　구 불
言人之過라야 庶幾君子니라.
언 인 지 과　　서 기 군 자

귀로 남의 그릇됨을 듣지 아니하고, 눈으로 남의 단점을 보지 아니하고, 입으로 남의 허물을 말하지 않아야 군자에 가깝다.

풀이

1) 是非(시비): 옳고 그름.
2) 長短(장단): 길고 짧음.
3) 庶幾(서기): '거의 …에 가깝다'. 庶(거의 서). 幾(거의 기).

한자

耳(귀 이)　聞(들을 문)　非(비방할 비)　目(눈 목)
短(짧을 단)　言(말씀 언)　過(허물 과)　庶(거의 서)
幾(거의 기)　君(군자 군)

알아보기

儒教(유교)에서 君子(군자)란 도덕적으로 완성된 인격자를 일컫는 말이다. 論語(논어)의 첫 구절에서 「남이 알아주지 않아도 성내지 않으니 또한 군자가 아닌가? (人不知而不慍, 不亦君子

乎)」라는 글귀를 볼 수 있다. '慍'은 '성내다'의 뜻이고, '不慍'은 '분노하지 않는다'라는 의미이다. 내가 덕을 쌓고, 학식이 깊고, 고상한 인격을 갖추고, 원대한 이상을 간직하고 있음에도, 그 누구도 알아주거나 이해해 주는 이 없지만, 묵묵히 자신의 도리를 다하고 자연에 순응하며 살아가는 것이다. 이러한 태도야말로 儒家(유가)에서 최고의 이상으로 여기는 수양과 도덕을 겸비한 진정한 君子(군자)인 것이다.

論語(논어)에서 '君子'는 통치자와 학문과 도덕을 겸비한 완성된 인간으로 그려지고 있다. 君子를 논하는 과정에서 대체적으로 '小人'을 출현시켜 대비하고 있음을 볼 수 있다. 「군자는 의견이 다른 사람과도 잘 어울리지만, 남의 의견에 쉽게 맞장구치거나 휩쓸리지 않고, 소인은 남의 의견에 쉽게 부화뇌동(附和雷同)하지만, 의견이 조금만 다르면 함께 하지 못한다. (君子和而不同, 小人同而不和)」라든지, 「군자는 자신에게서 원인을 찾고, 소인은 다른 사람에게서 원인을 찾는다. (君子求諸己, 小人求諸人)」 등이 그것이다.

論語에는 '君子不器(군자불기)'라는 아주 짧은 글귀가 있다. '군자는 하나의 용도로만 쓰이는 그릇과 같은 존재가 아니다'라는 의미이다. 공자는 '君子不器'란 말로, 절대 한 가지 용도로만 쓰이는 그릇과 같은 편협한 사람이 되지 말 것을 강조하고 있다. 그릇과 같은 정해진 것만을 담아내는 속 좁은 小人의 흉금(胸襟)이 아닌, 인자한 사람(仁), 의로운 사람(義), 예의를 갖춘 사람(禮), 지혜로운 사람(智), 남을 잘 믿는 사람(信)을, 무한한 아량으로 천하를 품을 수 있는 그러한 그릇의 군자를 원하고 있고 비유하고 있는 것이다. 다양성을 요구하는 현대를 살아가는 우리 지식인에게 가장 마음에 두어야할 말씀이라고 생각이 든다.

15

宰予가 晝寢이어늘 子曰:「朽木은 不可雕也
재여　주침　자왈　후목　불가조야

요 糞土之牆은 不可杇也니라.」
분토지장　불가오야

宰予가 낮잠을 자고 있는 것을 보시고, 孔子께서 말씀하셨다:「썩은 나무에는 새길 수가 없으며, 썩은 흙으로 쌓은 담장은 흙손질을 할 수도 없느니라.」

풀이

1) 宰予(재여): 중국 춘추시대의 魯(노)나라 사람으로 공자의 제자. 字는 '子我(자아)' 또는 宰我(재아)라고도 한다. 재여(宰予)는 공문십철(孔門十哲)의 한 사람으로 언변에 능했다.

2) 晝寢(주침): 한 낮에 잠을 자다.

3) 不可雕(불가조): '雕'는 '조각하다'. '不可雕'는 宰予를 교육할 수 없음을 비유한 것이다.

4) 糞土之牆(분토지장): '糞土'는 썩은 흙. '糞土之牆'은 썩은 흙으로 쌓은 담. 즉 宰予의 재목되지 모함을 비유한 것이다.

5) 杇(오): '杇'는 미장이가 벽을 바를 때 사용하는 공구, 즉 흙손인데, 여기서는 동사로 '벽을 바르다'의 의미이다.

한자

晝(낮 주)　寢(잠잘 침)　朽(썩을 후)　雕(새길 조)
彫(새길 조)　糞(똥 분)　牆(담 장)　墻(담 장)
杇(흙손 오)

16

紫虛元君 誠諭心文에 曰:「福生於淸儉하고
자 허 원 군 성 유 심 문 왈 복 생 어 청 검

德生於卑退하고 道生於安靜하고 命生於和
덕 생 어 비 퇴 도 생 어 안 정 명 생 어 화

暢하고 患生於多慾하고 禍生於多貪하고 過
창 환 생 어 다 욕 화 생 어 다 탐 과

生於輕慢하고 罪生於不仁이니 戒眼하여 莫
생 어 경 만 죄 생 어 불 인 계 안 막

看他非하고 戒口하여 莫談他短하고 戒心하
간 타 비 계 구 막 담 타 단 계 심

여 莫自貪嗔하고 戒身하여 莫隨惡伴하라 無
막 자 탐 진 계 신 막 수 악 반 무

益之言을 莫妄說하고 不干己事를 莫妄爲하
익 지 언 막 망 설 불 간 기 사 막 망 위

라.」(後略)

紫虛元君의 誠諭心文에 이르기를: 「복(福)은 청렴하고 검소한 데서 생기고, 덕(德)은 자신을 낮추고 물러나는 데서 생기며, 도(道)는 편안하고 고요한 가운데서 생기고, 명(命)은 화창한 가운데서 생기며, 우환(憂患)은 욕심이 많은 데서 생기고, 화(禍)는 탐욕이 많은 데서 생기며, 과실(過失)은 경만한 가운데서 생기고, 죄(罪)는 어질지 못한 데서 생긴다. 그러니, 눈을 경계하여 남의 그릇됨을 보지 말며, 입을 경계하여 남의 단점을 말하지 말고, 마음을 경계하여 탐내거나 성내지 말며, 몸을 경계하여 악한 친구를 따르지 말 것이다. 무익한 말은 망령되이 하지

말 것이며, 자기에게 간섭되지 않는 일은 망령되이 하지 말 것이다.」 (생략)

풀이

1) 자허원군(紫虛元君): 도교(道敎)에서 받드는 여자 선인(仙人). 자허(紫虛)는 하늘을 말한다. 운하(雲霞; 구름과 안개, 구름과 노을)가 햇빛에 비치어 자색(紫色)이 되기 때문에 이렇게 말한다. 원군(元君)은 여자 신선을 아름답게 일컫는 말이고, 남자 선인은 진인(眞人)이라 한다.

2) 誠諭心文(선유심문): 진정으로 마음을 깨우쳐 주는 글.

3) 生於(생어): …에서(…로부터) 생기다.

4) 卑退(비퇴): 자신을 낮춤.

5) 輕慢(경만): 경솔하고 거만함.

6) 惡伴(악반): 악한 동반자. 악한 친구.

7) 莫自貪嗔(막자탐진): 스스로 탐내고 화내지 마라.

한자

紫(자주빛 자)	虛(빌 허)	誠(정성 성)	淸(맑을 청)
儉(검소할 검)	暢(화창할 창)	慢(게르를 만)	戒(경계할 계)
嗔(성낼 진)	伴(짝 반)	患(근심 환)	貪(탐낼 탐)
隨(따를 수)	妄(망녕될 망)	干(관계할 간)	眼(눈 안)
莫(말다 막)	爲(할 위)	卑(낮을 비)	退(물러날 퇴)

六. 安分篇

01

景行錄에 云하되:「知足可樂이오 務貪則憂니라.」

경행록 운 지족가락 무탐즉우

景行錄에 이르기를:「족함을 알면 즐거울 것이요, 탐욕에 힘쓰면 근심이 있느니라.」고 하였다.

한자

知(알 지)	足(발 족)	足(충분할 족)	樂(즐길 낙)
務(힘쓸 무)	貪(탐할 탐)	則(곧 즉)	憂(근심 우)

읽어보기 莊子(장자)의 이야기 (1)

「북쪽 바다에 물고기가 있는데, 그 이름은 곤(鯤)이라 한다. 그 크기는 몇 리나 되는지 알 수 없으며, 변하여 새가 되면 그 이름을 붕(鵬)이라 한다. 붕의 등 넓이는 몇 천리나 되는지 알 수 없지만, 힘차게 날아오르면 그 날개는 하늘에 가득히 드리워진 구름과 같다. 이 새는 바다의 기운이 움직여 큰바람이 일면 남쪽 바다로 날아간다. 남쪽 바다란 천지(天池)이다.

재해(齊諧)는 괴이한 현상을 적은 책이다: “붕이 남쪽 바다로 날아 갈 때는 물결을 삼천리나 일으키고, 회오리바람에 날개를 치고 오르면 9만 리에 이르며, 한번 오르면 반년이 지나서야 멈춘다.”라고 쓰여 있다. …

매미와 비둘기는 대붕의 모습을 보고 이렇게 비웃었다. “우리들은 힘차게 날아올라도 나뭇가지나 오르고 때로는 부딪쳐 날지 못하고 땅바닥에 나가떨어지는 일도 있다. 그런데 大鵬(대붕)은 구만리 하늘에 올라 남쪽을 길려고 한다는 말인가? …

작은 지혜는 큰 지혜에 미치지 못하고, 짧은 수명은 긴 수명에 미치지 못한다. 어떻게 그렇다는 것을 아는가? 하루살이는 밤과 새벽을 모르고 여름에 울어대는 매미는 봄과 가을을 모른다. 이것이 짧은 수명이다. 초나라 남쪽에 명령(冥靈)이라는 나무는 오백년 동안은 (잎이 자라는)봄이고 또 오백년은 (잎이 지는)가을이다. 옛날에 대춘(大椿)이라는 나무는 팔천년은 봄이고 팔천년은 가을이었다. 그런데 팽조(彭祖; 전설에는 칠백을 살았다고 함)가 오래 살았다고 하여 사람들은 그를 내세워 필적을 하였다. 이 어찌 슬픈 일이 아닌가?」

이것이 <장자>의 첫장 ‘소요유(逍遙遊)’ 맨 처음에 나오는 글이다. ‘安東林 譯 莊子(玄岩社, 1974)’에는 장자(莊子)의 소유요(逍遙遊)에 내린 다음과 같은 풀이를 볼 수 있다.

「구속이 없는 절대의 자유로운 경지에서 노니는 것을 ‘소요유(逍遙遊)’라고 한다. 현실 세계에는 여러 가지 구별(또는)이 있어서 그것이 사람들을 구속한다. 권력과 신분, 도덕과 권위, 삶과 죽음, 기난과 부유(富裕) 등……. 이 속에서 신경을 곤두세우고 이욕(利慾)에 눈이 어두워 날뛰는 인간들의 희로애락을 비웃으며 莊子는 道의 세계, 이러한 것들을 초월한 완전히 자유로운 세계, 즉 대자연의 커다란 품에 안길 때 사람은 비로소 참된 행복을 얻게 된다고 말한다. 그러한 "소요유(逍遙遊)"의 즐거움을 무한한 허공을 힘차게 날아 올라가 미지의 북해로 날아가는 대붕에 비유해서 말한다. 상식에 젖어 거기 얽매여 있는 사람들의 의표를 찔러 어리둥절하게 만드는 데서 장자 특유의 우언(寓言)의 세계가 시작되는 것이다. 그러므로 개권(開卷) 서두부터 이런 이야기가 펼쳐진다는 것은 매우 뜻이 깊은 것이다. 이 '소요유(逍遙遊)' 편에 펼쳐지는 세계야말로 明나라의 육방호(陸方壺)라는 사람은 옛사람의 시를 인용하여, '옷깃을 천 길 벼랑 위에 휘날리고 발을 만 리 강물에 씻는다. 대장부 이런 기개가 없어 어찌하랴. 바다 끝없이 넓으니 물고기 뛰놀아도 아랑곳없고, 하늘 덩그렁 비었으니 새 나는 대로 맡겨 둔다. 대장부 이런 도량이 없어 어찌하랴'고 읊은 세계이다.」

02

知足者는 貧賤도 亦樂이오, 不知足者는 富貴도 亦憂니라.

지족자 빈천 역락 부지족자 부귀 역우

만족함을 아는 사람은 가난하고 천하여도 역시 즐거울 것이오, 족함을 모르는 사람은 부하고 귀하여도 역시 근심하느니라.

한자

知(알 지) 足(충분할 족) 貧(가난할 빈) 賤(천할 천)
富(넉넉할 부) 貴(귀할 귀) 憂(근심할 우)

깊이보기 莊子(장자)의 이야기 (2)

曳尾塗中(예미도중)이라는 말은 '진흙탕에서 꼬리를 끌다'라는 뜻으로, '벼슬을 하지 않고 가난하더라도 한가(閑暇)하게 지냄'을 비유한 말이다.

莊子(장자)의 '추수(秋水)' 편에는 다음과 같은 이야기가 실려 있다. 장자가 복수(濮水)라는 강가에서 낚시를 하고 있는데, 초(楚)나라의 왕이 보낸 두 대부(大夫)가 찾아와서 왕의 뜻을 전하였다. "초나라의 정치를 맡기고자 합니다." 장자는 낚싯대를 쥔 채 돌아보지도 않고서 이렇게 말했다. "내가 듣기에 楚(초)나라에는 신령한 거북(神龜; 신귀)이 있는데 죽은 지 3천 년이나 되었다고 하더군요. 왕께서는 그 거북을 대나무 상자에 담고 비단천에 덮어 묘당(廟堂)에 소중히 모셔져 있다고 합니다. 그 거북은 죽어서 뼈를 남긴 채 소중하게 받들어지기를 바랐을까요? 아니면 살아서 진흙 속에 꼬리를 끌며 다니기를 바랐을까요?" 두 대부가 대답했다. "그야 당연히 살아서 진흙 속에 꼬리를 끌며 다니기를 바랐을 테지요." 장자가 말했다. "어서 돌아가시오. 나도 진흙 속에서 꼬리를 끌며 다닐 것이오."

03

濫想은 徒傷神이오, 妄動은 反致禍니라.
남상 도상신 망동 반치화

쓸데없는 생각은 오직 정신만을 상하게 할 뿐이고, 함부로 하는 행동은 도리어 화를 일으킨다.

풀이

1) 濫想(남상): 외람된 생각. 분수에 넘치는 생각.
2) 傷神(상신): 정신을 해침.
3) 妄動(망동): 아무 분별없이 망령되이 행동함. 또는 그 행동.

한자

濫(넘칠 남)	想(생각할 상)	徒(오직 도)	傷(상처 상)
神(정신 신)	妄(망령될 망)	動(움직일 동)	致(도달할 치)

읽어보기 莊子(장자)의 이야기 (3)

木鷄(목계)는 장자(莊子)에 나오는 이야기다. 기성자(紀渻子)라는 사람이 닭을 잘 길렀다. 주(周) 나라 선왕(宣王)이 싸움닭 놀이를 좋아하여, 기성자에게 최고의 싸움닭을 한 마리 길러달라고 부탁했다. 열흘밖에 안됐는데 왕이 "다 되었소?"라고 재촉하며 묻자, 기성자는 "아직 안 되었습니다. 너무 사나워서, 다른 닭이 우는 소리를 듣거나 그림자만 보면 덤벼들려고 야단입니다."라고 대답했다. 또 열흘이 지나 묻자, "아직 안 되었습니다. 지금도 다른 닭만 보면 흥분을 가라앉히지 못합니다."라고 대답했다. 또 열흘이 지나 묻자, "이제 다 되어갑니다. 다른 닭이 아무리 울어도 못들은 척, 마치 나무로 만든 닭(木鷄)처럼 꿈쩍하지 않습니다. 이만한 경지에 이르면, 다른 닭이 감히 대들 엄두도 내지 못하고 먼저 달아날 것이니, 싸우지 않고도 천하의 닭을 이기는 셈이지요."라고 대답했다.

04

知足常足이면 終身不辱하고, 知止常止면 終身無恥니라.
지족상족 종신불욕 지지상지 종신무치

만족을 알고 언제나 만족하면 평생 욕되지 아니하고, 그칠 줄 알고 그칠 수 있으면 평생 부끄럼이 없다.

한자

足(만족할 족) 常(항상 상) 終(끝날 종) 辱(욕되게 할 욕)
恥(부끄러워 할 치)

莊子(장자)의 이야기 (4)

鼓盆之痛(고분지통)은 '질그릇을 두드리는 고통(苦痛)'이라는 뜻으로, "아내를 잃은 슬픔"을 비유한 말이다. 장자(莊子) 지락(至樂)편 다음과 같은 이야기가 있다.

莊子(장자)의 아내가 죽자 혜자(惠子)가 문상을 갔는데, 장자는 그저 두 다리를 뻗고 질그릇을 두드리며 노래를 부르고 있었다. 혜자는 이런 광경을 보고 장자에게 말했다. '함께 살며 자식을 키우다가 이렇게 늙어서 죽었으니, 이는 통곡해도 부족할 판인데, 질그릇을 두드리며 노래를 부르다니 이건 너무 심한 게 아니요?' '그렇지 않소. 아내의 죽음에 어찌 슬퍼하는 마음이 없겠소? 하지만 그 근원을 살펴보면 본래 生(생)이란 없었던 것이고, 어떤 무엇이 흐릿하고 황홀한 가운데 섞이어 있다가 그것이 변해서 기운(음양의 두 기운)이 생겼고, 기운이 변해서 형상이 생겼고, 형상이 변해서 生(생)이 생겼고, 그 생이 이제 또 변해서 죽음으로 간 것이네. 이는 사계절이 되풀이하여 운행되는 것과 같을 뿐이오. 아내는 지금 천지라는 거대한 방안에 누워있는데, 내가 슬퍼 운다면, 이는 천명(天命)을 모르는 것이 되는 것이네.'

05

書에 曰:「滿招損하고 謙受益이니라.」
서　왈　만초손　겸수익

書經에 이르기를 「가득 차면 손실을 부르고, 겸손하면 이익을 얻는다.」 하였다.

풀이

1) 書(서): 書經(서경)으로 중국 堯舜(요순) 때부터 周(주)나라 때까지 政事(정사)에 관한 기록이다. 孔子가 편찬한 것으로 한대(漢代) 이후 ≪尙書(상서)≫라 일컬었는데, 상(尙)은 상(上)과 통하여 '상대(上代)의 서(書)'라는 뜻이라고 한다. 송대에 와서는 다시 ≪書經(서경)≫이라 불리게 되었으며, ≪상서≫·≪서경≫의 두 명칭이 통용된다.

한자

滿(찰 만)　招(부를 초)　損(덜 손)　謙(겸손할 겸)
受(받을 수)　益(더할 익)

漢字, 세상을 말하다

항우(項羽)를 물리치고 천하를 통일한 한 고조(漢高祖) 유방(劉邦)이 공신들을 모아 연회를 열었다. 분위기가 무르익자 유방이 물었다. "내가 천하를 얻은 까닭이 무엇인지 제후와 장군들은 숨기지 말고 솔직히 말하시오. 또 항우가 천하를 잃은 까닭이 무엇이라 생각하오?"

고기(高起)와 왕릉(王陵)이 대답했다. "폐하께서는 교만하고 남을 업신여기지만, 항우는 인자하고 남을 사랑합니다. 하지만 폐하는 타인에게 성을 공격하고 땅을 공략하게 하고, 함락시킨 곳을 나눠주어 천하와 더불어 이익을 나눕니다. 항우는 현명한 이를 시기하고 능력 있는 자를 질시해, 공이 있는 자를 해치고 현자를 의심하며 싸움에 이겨도 남에게 공로를 넘기지 않고, 땅을 얻어도 다른 이에게 주지 않았습니다. 이것이 천하를 잃은 까닭입니다."

이를 들은 유방이 말했다. "공은 하나만 알고 둘은 아직 모르는구려. 무릇 군 막사에서 군사를 운용하고, 천리 바깥의 전투를 승리로 이끄는 것은 내가 자방만 못하다(吾不如子房). 나라를 안정시키고, 백성을 어루만지며, 군량을 마련해 보급이 끊기지 않도록 하는 것은 내가 소하만 못하다(吾不如蕭何). 백만 대군을 이끌고 싸우면 반드시 승리하고 공격하면 기필코 취함은 내가 한신(韓信)만 못하다(吾不如韓信). 이 셋은 모두 뛰어난 인재인데 내가 그들을 기용했으니 이것이 내가 천하를 얻은 까닭이다. 항우는 범증(范增) 한 명도 제대로 쓰지 못했으니, 이것이 나에게 사로잡힌 이유다."(사기(史記) '고조본기')

인사(人事)가 만사(萬事)요, 만사가 인사다. 새로운 대통령이 선출됐다. 무수한 인사가 기다리고 있다. 유방의 '오불여(吾不如)' 용인술이 다시 필요할 때다. '자만은 손해를 부르고, 겸손은 이익을 얻는다(滿招損 謙受益)'는 철학이 핵심이다. "때에 맞춰 쓰고, 지위에 맞게 쓰며, 장점에 맞춰 일을 맡기고, 원하는 바에 맞춰 쓰라(用當其時, 用當其位, 用當其長, 用當其願)"는 16자 용인술도 참고할 만하다.

인재를 뽑았으면 일할 분위기 조성도 중요하다. "큰 나라를 다스림은 작은 생선을 요리하는 것과 같다(治大國若烹小鮮)"고 노자(老子)는 말했다. 큰 경영은 '입[口]'이 아니라 '눈[目]'으로 해야 한다는 뜻이다. (중앙선데이 신경진 2012.12.23)

七. 存心篇

01

景行錄에 云하되 坐密室을 如通衢하고, 馭寸心을 如六馬하면, 可免過니라.
경행록 운 좌밀실 여통구 어촌 심 여육마 가면과

景行錄에 이르기를: 「밀실에 앉아 있어도 마치 네거리를 지나가는 것처럼 하고, 작음 마음을 제어하기를 마치 여섯 필의 말을 다루듯 하면 화를 면할 수 있다.」고 하였다.

한자

密(빽빽할 밀) 通(통할 통) 衢(네거리 구) 馭(말부릴 어)
寸(마디 촌) 免(면할 면) 過(허물 과)

읽어보기

아무리 눈에 띄지 않는 곳에 홀로 있다 해도 몸을 삼가야하는 것은 군자가 정도를 걷기 위함이다. 누가 보지 않는다 해서 행동이 흐트러진다면 그는 이미 군자의 자격을 상실한 것이기 때문이다. 또한 사소한 일이라 할지라도 마음을 다스리기를 여섯 필이 끄는 마차가 대로를 달릴 때처럼 조심하고 마음을 다

잡는 다면 매사에 허물될 일이 없을 것이다.

'숨은 것보다 더 잘 드러나는 것이 없으며, 미세한 것보다 더 잘 나타나는 것은 없다. 그러므로 군자는 홀로 있을 때 삼간다.

중용에 나오는 말이다. 이중에서도 '홀로 있을 때 삼간다(愼其獨也)'는 말은 유명한 경구로 인구에 회자(膾炙) 되어 왔다. 경행록의 글과 크게 통하는 점이 있어 인용한 것이다.

황병국 역해 명심보감(혜원출판사)

02

范忠宣公이 戒子弟曰:「人雖至愚나 責人則
범충선공 계자제왈 인수지우 책인즉
明하고 雖有聰明이나 恕己則昏이니 爾曹는
명 수유총명 서기즉혼 이조
但當以責人之心으로 責己하고 恕己之心으
단당이책인지심 책기 서기지심
로 恕人이면 不患不到聖賢之位也니라.」
서인 불환부도성현지위야

范忠宣公이 자제에게 훈계하여 말하기를:「사람됨이 비록 지극히 어리석을지라도 남을 책망하는 것에는 밝고, 비록 총명하다 해도 자기를 용서하는 것에는 어둡다. 너희들은 마땅히 남을 책하는 마음으로 자신을 책하고, 자신을 용서하는 마음으로 남을 용서한다면, 성현에 경지에 이르지 못할 것은 없다.」고 하였다.

풀이

1) 范忠宣公(범충선공): 중국 北宋(북송) 哲宗(철종) 때의 재상으로, 이름은 純仁(순인)이고, 시호가 忠宣(충선)이다.
2) 至(지): '이르다', '도달하다'의 동사로도 쓰이지만, 수식어로 쓰이는 경우, '매우', '지극히'의 뜻으로도 쓰인다.
3) 爾曹(이조): '曹(무리 조)'는 인칭대명사 '爾(너 이)' 뒤에서 복수를 만든다. '너희들'이라는 의미이다.

한자

戒(경계할 계)	愚(어리석을 우)	雖(비록 수)	責(꾸짖을 책)
聰(귀 밝을 총)	恕(용서할 서)	昏(어두울 혼)	爾(너 이)
患(근심 환)	曹(무리 조)	當(마땅 할 당)	

03

子曰: 「聰明思睿라도 守之以愚하고, 功被天
자왈　　총명사예　　　수지이우　　　공피천

下라도 守之以讓하고, 勇力振世라도 守之以
하　　　수지이양　　　용력진세　　　수지이

怯하고, 富有四海라도 守之以謙이니라.」
겁　　　부유사해　　　수지이겸

孔子가 말씀하시기를: 「총명하고 사리가 깊다할지라도 어리석음으로 이를 지켜야 하고, 공(功)이 천하를 덮을 만하더라도 겸양하는 마음으로 이를 지켜야 하고, 용맹이 세상에 떨칠지라도 겁내는 마음으로 이를 지켜야 하며, 부유함이 四海를 차지했다 하더라도 겸손으로 이를 지켜야 한다.」고 하셨다.

풀이

1) 睿(예): 叡(예)자와 같은 글자이고, '밝을 예', 즉 '슬기롭다'는 뜻이다. 叡智(예지).
2) 被(피): 원래는 '이불'이라는 명사다. 동사로 (이불을) 덮다', '(옷을) 입다' 등으로 쓰이는 글자다.

한자

睿(깊고 밝을 예)　守(지킬 수)　功(공로 공)　被(덮을 피)
讓(사양할 양)　勇(날쌜 용)　振(떨칠 진)　怯(겁낼 겁)
謙(겸손할 겸)　富(넉넉할 부)　海(바다 해)

04

寇萊公六悔銘에 云:「官行私曲失時悔요 富
구 래 공 육 회 명 운 관 행 사 곡 실 시 회 부

不儉用貧時悔요 藝不少學過時悔요 見事不
불 검 용 빈 시 회 예 불 소 학 과 시 회 견 사 불

學用時悔요 醉後狂言醒時悔요 安不將息病
학 용 시 회 취 후 광 언 성 시 회 안 부 장 식 병

時悔니라.」
시 회

寇萊公의 六悔銘에 이르기를:「벼슬아치가 私曲을 행하면 벼슬을 잃을 때 뉘우치게 되고, 부유했을 때 아껴 쓰지 않으면 가난해졌을 때 뉘우치게 되고, 재주를 어렸을 때 배우지 않으면 시기가 지났을 때 뉘우치게 되고, 일을 보고 배우지 않으면 필요하게 되었을 때 뉘우치게 되고, 취한 후에 함부로 말하면 술이 깨었을 때 후회하게 되고, 몸이 편안할 때 휴식을 취하지 않으면 병이 들었을 때 뉘우칠 것이다.」라고 하였다.

풀이

1) 寇萊公(구래고): 北宋(북송) 초의 정치가 겸 시인. 거란의 침입 때 많은 공을 세워 내국공(萊國公)에 봉해졌다. 字(자) 평중(平仲), 諡號(시호)는 충민(忠愍)이다.
2) 六悔銘(육회명): 여섯 가지 후회될 일을 경계하는 글.
3) 私曲(사곡): 사사롭고 마음이 바르지 못하다.
4) 藝(예): '재주', '기예(技藝)', '법도(法度)', '학문(學問)', '법(法)' 등의 다양한 의미로 사용하는데, 여기서는 '재주'를 말함이다.
5) 將息(장식): 양생(養生)함.

한자

寇(도적 구) 萊(명아주 래) 悔(뉘우칠 회) 銘(새길 명)
官(벼슬 관) 行(다닐 행) 私(사사로이 할 사) 曲(굽을 곡)
富(부자 부) 儉(검소할 검) 用(쓸 용) 藝(재주 예)
少(젊을 소) 醉(취할 취) 狂(미칠 광) 醒(깰 성)
將(장차 장) 息(쉴 식) 病(병 병)

더 알아보기 주자십회(朱子十悔)

1. 不孝父母, 死後悔 (불효부모 사후회)
   부모에게 효도하지 않으면, 돌아가신 뒤에 뉘우친다.
2. 不親家族, 疎後悔 (불친가족 소후회)
   가족에게 친절히 하지 않으면, 멀어진 뒤에 뉘우친다.
3. 少不勤學, 老後悔 (소불근학 노후회)
   젊을 때 부지런히 배우지 않으면, 늙은 뒤에 뉘우친다.
4. 安不思難, 敗後悔 (안불사난 패후회)
   편안할 때 어려움을 생각하지 않으면, 실패한 뒤에 뉘우친다.
5. 富不儉用, 貧後悔 (부불검용 빈후회)
   부유할 때 아껴 쓰지 않으면, 가난하게 된 뒤 뉘우친다.
6. 春不耕種, 秋後悔 (춘불경종 추후회)
   봄에 밭 갈고 씨 뿌리지 않으면, 가을이 된 뒤에 뉘우친다.
7. 不治垣墻, 盜後悔 (불치원장 도후회)
   담장을 미리 고치지 않으면, 도둑맞은 뒤에 뉘우친다.
8. 色不謹愼, 病後悔 (색불근신 병후회)
   이성을 삼가지 않으면, 병든 뒤에 뉘우친다.
9. 醉中妄言, 醒後悔 (취중망언 성후회)
   술 취해서 망언한 것은, 술 깨고 난 뒤에 뉘우친다.
10. 不接賓客, 去後悔 (부접빈객 거후회)
   손님을 잘 대접하지 않으면, 손님이 떠난 뒤에 뉘우친다.

05

益智書에 云:「寧無事而家貧이언정 莫有事
익 지 서 운 녕 무 사 이 가 빈 막 유 사

而家富요 寧無事而住茅屋이언정 莫有事而
이 가 부 녕 무 사 이 주 모 옥 막 유 사 이

住金屋이요 寧無病而食麤飯이언정 不有病
주 금 옥 녕 무 병 이 식 추 반 불 유 병

而服良藥이니라.」
이 복 량 약

益智書에 이르기를:「아무 사고 없이 집이 가난할지언정 사고 있으면서 집이 부자가 되지 말 것이며, 아무 사고 없이 초가집에서 살지언정 사고 있으면서 좋은 집에서 살지 말 것이며, 병이 없이 거친 밥을 먹을지언정 병이 있어 좋은 약을 먹지 말 것이니라.」 하였다.

풀이

1) 寧(녕): '寧爲鷄口, 不爲牛尾(영위계구, 불위우후)'라는 말이 있다. '차라리 닭의 머리가 될지언정 소의 꼬리는 되지 말라'라는 말인데 사기(史記)에서 나온 말이다. 즉 '작은 일이라도 책임자가 될지언정 큰 사람 밑에서 지배받기는 싫다는 의미'인데, 여기서의 '寧'은 '차라리'로 새긴다.

2) 麤飯(추반): 거친 곡식으로 지은 밥. 깨끗이 쓿지 않은 입쌀이나 잡곡으로 지은 밥을 이른다.

한자

寧(차라리 령) 莫(말 막) 茅(띠 모) 屋(집 옥)
病(병질 병) 食(먹을 식) 麤(거칠 추) 飯(밥 반) 服(먹을 복)

八. 戒性篇

01

景行錄에 云:「人性이 如水하여 水一傾則不
경 행 록 운 인 성 여 수 수 일 경 즉 불

可復이요 性一縱則不可反이니 制水者는必
가 복 성 일 종 즉 불 가 반 제 수 자 필

以堤防하고 制性者는 必以禮法이니라.」
이 제 방 제 성 자 필 이 예 법

景行錄에 이르기를:「사람의 성품은 물과 같아서 물이 한번 기울어지면 회복할 수 없고, 성품을 한번 놓으면(방종해지면) 돌이킬 수 없을 것이니, 물을 제어하려는 자는 반드시 제방을 쌓음으로서 되고 성품을 제어하려는 자는 반드시 예법(禮法)으로서 해야 된다.」고 하였다.

한자

性(성품 성)	傾(기울 경)	復(돌아올 복)	縱(늘어질 종)
制(만들 제)	防(막을 방)	禮(예절 예)	法(예의 법)

老子와 물 - 水

친히에 물보다 더 유약한 것은 없다. 그러나 굳고 강한 것을 꺾는 데는 물보다 더 뛰어난 것이 없다. 그것은 아무것도 물의 본성을 바꿀 수 없기 때문이다. 약한 것이 강한 것을 이기고 유한 것이 굳센 것을 이긴다. 부드러움이 굳셈을 이기고 약함이 강함을 이기는 것은 천하가 다 알지만 능히 행하지는 못한다.

원문:

천하막유약어수 이공견강자박지능승 이기무이역지 약지승강유지승강 천하박지막능행

天下莫柔弱於水, 而功堅强者莫之能勝, 以其無以易之. 弱之勝强柔之勝强. 天下莫知莫能行.

천하에 물보다 부드럽고 약한 것이 없지만 굳세고 강한 것을 공략하는 데는 그보다 나은 것이 없으니

(天下莫柔弱於水, 而攻堅强者莫之能勝也)

'노자'의 유명한 물의 비유 중의 하나다. '노자'에서 왜 물이 이처럼 찬송될까? 하상공(河上公)은 이렇게 설명한다. "동그란 곳에 있으면 동그래지고, 네모난 곳에 있으면 네모가 되며, 막으면 멈추고 터주면 흘러간다. 그런데도 물은 산을 품고 언덕을 오를 수 있으니 철을 갈고 동을 녹이는 데 물보다 더 뛰어난 공을 이룰 것이 없다." 동그란 곳에 있으면 동그래지고 네모난 곳에 있으면 네모가 된다는 것은 '노자'가 줄기차게 강조하는 인순 또는 순응의 도리를 가리킨다. 물은 일정한 꼴이 없이 상황에 따라 모습을 바꾸므로 상황에 잘 따르는 것이고, 자기를 고집하지 않으므로 그보다 유약한 것이 없다. 하지만 동시에 물은 어디든 가지 못하는 곳이 없고 그 거센 물길은 무너뜨리지 못할 것이 없다. 인순과 퇴양을 통한 승리를 추구하는 '노자'의 도에 이처럼 부합하는 이미지는 없다.

이러한 물의 이미지를 계승하면서도 극대화시켜 그것을 세계의 중심에 놓는 데 성공한 것이 '회남자(淮南子) 원도훈(原道訓)'이다.

「천하의 물건 중에 물보다 부드럽고 약한 것이 없다. 그러나 그 크기는 끝을 다할 수 없고, 그 깊이는 헤아릴 길이 없다. 무궁(無窮)한 곳에서 한없이 자신을 다듬고 멀리 가없는 곳에 빠진다. 늘이고 써버리고 줄이고 더하면서 헤아릴 수 없는 지경과 통한다. 하늘에 오르면 비와 이슬이 되고, 땅으로 내려오면 만물을 적신다. 만물은 물이 없으면 살아갈 수 없고, 모든 일은 이루어질 수 없다. 크게 뭇 생명을 포용하면서도 애증이 없고, 그 은택이 작은 벌레에게까지 미치면서도 보답을 바라지 않으며, 그 부유함은 천하를 먹이면서도 다함이 없고, 덕을 백성에게 베풀면서도 소비하는 것이 없다. 흘러가면 그 끝을 알 수 없고, 작아서 손에 잡을 수 없다. 때려도 찢어지지 않고 찔러도 상하지 않으며, 잘라도 잘라지지 않고 태워도 태워지지 않는다. 질척하게 흘러다니고 뒤섞여 몰려다니면서도 뭉개지지 않으니 그 날카로움은 금석을 뚫고 그 강함은 천하에 통한다. ……왼쪽으로 가는 것도 아니고 오른쪽으로 가는 것도 아니어서 구불구불 이리저리 흘러 처음부터 끝까지 만물과 함께하니 이것을 지극한 덕이라고 한다.」 (네이버 지식백과) 노자(삶의 기술, 늙은이의 노래)

도서출판 들녘 (2003.06.30.) - 빌춰

※ 하상공(河上公) : 한(漢)나라 때 사람으로 성명(姓名)은 알 수 없다. 강가에서 집을 짓고 살아 하상공이라 불렀다고 한다. 노자의 노덕경을 해석한 <노자도덕경하상공장구>라는 책이 전해진다.

02

(一)

子張이 欲行에 辭於夫子할새 願賜一言이 爲
자 장　욕 행　사 어 부 자　원 사 일 언　위
修身之美하노이다. 子曰:「百行之本은 忍之
수 신 지 미　자 왈　백 행 지 본　인 지
爲上이니라.」子張이 曰:「何爲忍之리오.」子
위 상　자 장　왈　하 위 인 지　자
曰:「天子忍之면 國無害하고 諸侯忍之면 成
왈　천 자 인 지　국 무 해　제 후 인 지　성
其大하고 官吏忍之면 進其位하고 兄弟忍之
기 대　관 리 인 지　진 기 위　형 제 인 지
면 家富貴하고 夫妻忍之면 終其世하고 朋友
가 부 귀　부 처 인 지　종 기 세　붕 우
忍之면 名不廢하고 自身忍之면 無禍害니라.」
인 지　명 불 폐　자 신 인 지　무 화 해

子張이 길을 떠나려고 스승인 공자에게 하직인사 드리면서:「몸을 닦는 가장 아름다운 말씀을 내려주시기를 원합니다.」하자, 공자가 말씀하시기를:「모든 행동의 근본은 참는 것이 으뜸이니라.」고 하셨다. 자장이 말하기를:「무엇 때문에 참아야 합니까?」하자, 공자가 말씀하시기를:「천자가 참으면 나라에 해가 없고, 제후가 참으면 큰 나라를 이룩하고, 벼슬아치가 참으면 그 지위가 올라가고, 형제가 참으면 집안이 부귀해지고, 부부가 참으면 일생을 해로할 수 있고, 친구끼리 참으면 명예가 깎이지 않고, 자신이 참으면 화근이 없다.」고 하였다.

풀이

1) 子張(자장): 성은 顓孫(전손), 이름은 師(사)이며, 자는 子張이다.
2) 辭(사): 일반적으로 '말하다' 등의 의미지만, 여기서는 떠남을 '알리다'의 의미로 쓰였다.
3) 諸侯(제후): 중국 봉건 시대에 天子에게 封土를 받아 그 封地를 다스렸던 왕이나 고관대작을 말한다.
4) 夫子(부자): 스승을 높여 이르는 말로, 孔子를 존경해서 '孔夫子'라고 한다.
5) 爲(위): '만들다', '위하다', '되다' 등의 의미로 쓰이고, 여기서는 '…으로 삼다'로 새긴다.
6) 忍之爲上(인지위상): 여기서의 '爲'는 '되다'의 의미이다. '之'는 주격소사로, 전체는 '忍이 으뜸이 된다'의 의미이다.
7) 何爲(하위): '何'는 '어디', '무엇', '누구' 등으로 쓰이는 의문의 대명사다. '何爲'의 직역은 "무엇을 위하여?"이고, "무엇 때문에?, 왜?"의 의미를 가진다.

한자

欲(하고자할 욕)	辭(말씀 사)	願(원할 원)	賜(줄 사)
修(닦을 수)	美(아름다울 미)	百(일백 백)	忍(참을 인)
成(이룰 성)	官(벼슬 관)	吏(벼슬아치 리)	進(나갈 진)
位(자리 위)	家(집 가)	貴(귀할 귀)	富(넉넉할 부)
妻(아내 처)	終(그칠 종)	名(이름 명)	廢(폐할 폐)

(二)

子張이 曰:「不忍則如何닛고.」夫子曰:「天
자 장　왈　불 인 즉 여 하　　부 자 왈　천
子不忍이면 國空虛하고 諸侯不忍이면 喪其
자 불 인　국 공 허　제 후 불 인　상 기
軀하고 官吏不忍이면 刑法誅하고 兄弟不忍
구　관 리 불 인　형 법 주　형 제 불 인
이면 各分居하고 夫妻不忍이면 令子孤하고
각 분 거　부 처 불 인　영 자 고
朋友不忍이면 情意疏하고 自身이 不忍이면
붕 우 불 인　정 의 소　자 신　불 인
患不除니라.」子張이 曰:「善哉善哉라! 難忍
환 부 제　자 장　왈　선 재 선 재　난 인
難忍이여. 非人不忍하고 不忍非人이로다.」
난 인　비 인 불 인　불 인 비 인

子張이 말하기를:「참지 않으면 어떻게 됩니까?」하였다. 공자가 말씀하시기를:「天子가 참지 않으면 나라가 공허해지고, 諸侯가 참지 않으면, 그 몸을 잃게 되고, 벼슬아치가 참지 않으면 형법에 벌을 받고, 형제가 참지 않으면 각기 헤어져서 살게 되고, 부부가 참지 않으면, 자식이 외롭게 되고, 친구끼리 참지 않으면 정과 뜻이 서로 멀어질 것이고, 자신이 참지 않으면 근심이 덜어지지 않느니라.」고 하셨다. 자장이 말하기를:「참으로 좋고도 좋으신 말씀입니다. 참는다는 것은 참으로 어려운 것, 사람이 아니면 참지 못할 것이요, 참지 못하면 사람이 아닐 것입니다.」하였다.

풀이

1) 何如(하여): 우리말에 '하여간'이라는 말과 '여하한 일이 있어도 참아야 한다'라는 말이 있다. 여기서의 '何如'와 '如何'처럼 상대에게 '어떠한가?' 묻는 의문의 대명사다.

2) 喪(상): '喪'은 '죽다', '상복을 입다' 등의 의미와 '잃다'라는 의미로 쓰여, '失(잃을 실)'과 함께 '喪失(상실)'이라는 어휘를 구성하여 쓰임을 볼 수 있다.

3) 軀(구): '몸 구' 자이다. 예: 체구(體軀). 거구(巨軀). 노구(老軀).

4) 令子孤(영자고): 자식이 고아가 된다. 자식이 외롭게 된다. '令'은 '아름답다'의 의미로도 쓰이는 글자다. 요즘은 잘 쓰시는 않지만 얼마 전에는 대통령의 아들과 딸을 '令息(영식)'이니 '令愛(영애)'라고 불렀을 때가 있었다. '令'은 원래 '명령하다', '시키다'에서 '長(장)'이란 뜻으로 쓰였는데, 예를 들어 '縣令(현령)'의 어휘가 그것이다. 책임자 의 말은 권위가 있고 아름다운 것으로 여기서 '착할 령', '아리따울 령'의 뜻으로 확대되어 쓰인 글자다. 예: 令子(영자). 令息(영식). 令 愛(영애).

5) 除(제): '덜다', '없애다', '버리다', '제외하다' 등의 의미를 가지는 글자다. 예: 除外(제외). 除去(제거). 除籍(제적).

6) 哉(재): 감탄형 종결 어조사로 쓰인다. 예: 快哉(쾌재)를 부르다.

한자

國(나라 국)	空(빌 공)	虛(빌 허)	諸(많을 제)
侯(임금 후)	喪(잃을 상)	軀(몸 구)	居(살 거)
孤(외로울 고)	情(뜻 정)	意(뜻 의)	疎(트일 소)
患(근심 환)	除(버릴 제)	難(어려울 난)	

九. 勸學篇

01

禮記에 曰:「玉不琢이면 不成器하고 人不學이면 不知義니라.」
예기 왈 옥불탁 불성기 인불학 부지의

禮記에 이르기를:「옥은 다듬지 않으면 그릇이 되지 못하고, 사람은 배우지 못하면 의(義)를 알지 못한다.」하였다.

풀이

禮記(예기): 중국 고대의 五經의 하나로 대성(戴聖)이 周(주)나라 말기부터 秦漢(진한)시대의 예법과 제도를 기록한 책으로 周禮(주례), 儀禮(의례)와 함께 三禮(삼례)의 하나이다.

한자

탁(졸 琢) 記(기록할 기) 器(그릇 기) 學(배울 학)
義(옳을 의) 知(알 지지)

우각괘서(牛角掛書)

가을이다. 독서의 계절이다. 책을 읽고 배움에 힘써야 사람 구실을 할 수 있다. 세상 이치를 깨닫고, 뜻을 펼 수 있다. 후한 시대 선비로서 실증주의 학문을 주장한 왕충은 저서 '논형(論衡)'에서 "배우지 않고 스스로 알 수 있으며, 묻지 않고 저절로 분명해지는 것은 고금의 어떠한 일에도 없다(不學自知 不問自曉 古今行事 未之有也)"고 말했다.

맞는 말이다. 책은 읽는 이에게 '우정'을 나눠주고 배신하지 않는다. 또 책은 충고와 기쁨을 주는 데도 인색하지 않다. 앞서 삶을 산 이들의 지혜를 자신의 것으로 만들 수 있다. 그래서 책을 읽는 일은 큰 즐거움 속으로 들어가는 것이다. '우각괘서(牛角掛書)'라는 말이 있다. 소뿔에 책을 건다는 말이다. 隋(수)나라 이밀(李密)이라는 사람이 있었다. 먼 길을 떠나게 됐다. 가는 도중의 시간을 아끼며, 어떻게 하면 책을 읽으며 갈 수 있을까 궁리하던 그는 책 한 질을 소의 뿔에 걸었다. 덕택에 그는 아주 편안하게 소를 타고 가며 한 손으로는 책을, 다른 손으론 고삐를 잡으며 책을 읽을 수 있었다. 이밀은 입신양명의 삶을 살았다.

배움은 스스로를 값지게 하는 것이다. 중국 송나라 휘종 황제의 '권학문(勸學文)'이다. "배운 사람은 벼와 같고, 배우지 않은 사람은 쑥과 풀 같다. 벼는 나라의 좋은 양식이고 세상의 큰 보배다. 쑥은 밭가는 이가 싫어하고 김매는 이가 귀찮아한다. 후일 벽을 마주한 듯 답답해하지만 때는 이미 늙었나(學者 如禾如稻 不學者 如蒿如草 如禾如稻兮 國之精糧 世之大寶 如蒿如草兮 耕者憎嫌 鋤者煩惱 他日面墻 悔之已老)."

배움은 억지가 아닌, 스스로 애착을 가져야 한다. 그래야 인격이 다듬어져 지식이 쌓이고 지혜가 깊어져 '걸출한 인물'이 된다. 물론 배움에 어려움이 왜 없지 않겠는가. 시간과 학비, 정성이 어우러져야 하는 것이다. 그래도 타는 목마름으로 책을 읽어야 한다. 예기에 "옥은 다듬지 않으면 그릇을 만들지 못하고, 배우지 않으면 도를 알지 못한다(玉不琢 不成器 人不學 不知道)"고 했다. 반딧불과 쌓인 눈빛으로라도 책을 읽겠다는 열정이 요청된다. '형설의 공(螢雪之功)'이다.

황종택 (세계일보 2012.09.24)

02

朱文公이 曰: 「家若貧이라도 不可因貧而廢
주문공 왈 가약빈 불가인빈이폐

學이요 家若富라도 不可恃富而怠學이라. 貧
학 가약부 불가시부이태학 빈

若勤學이면 可以立身이요 富若勤學이면 名
약근학 가이립신 부약근학 명

乃榮光이라. 惟見學者顯達이요 不見學者無
내영광 유견학자현달 불견학자무

成이니라. 學者는 乃身之寶요, 學者는 乃世
성 학자 내신지보 학자 내세

之珍이니라. 是故로 學則乃爲君子요 不學則
지진 시고 학즉내위군자 불학즉

乃爲小人이니 後之學者는 各宜勉之니라.」
내위소인 후지학자 각의면지

朱文公이 말하기를: 「집이 만약 가난하더라도 가난한 것으로 인해서 학문을 폐해서는 안 되고, 집이 부유하더라도 부유한 것을 믿고 학문을 게을리 해선 안 되는 것이다. 가난한 자가 만약 부지런히 배운다면 몸을 세울 수 있을 것이요, 부유한 자가 만약 부지런히 배운다면 이름이 빛나고 영화로울 것이다. 배운 자만이 출세(顯達)한 것을 보았으며, 배운 사람이 성공하지 못한 것은 보지 못하였다. 배움이란 몸의 보배요, 배운 사람은 세상의 보배이다. 그러므로 배우면 군자가 되고 배우지 않으면 소인이 될 것이니, 후학들은 마땅히 배움에 힘써야 할 것이다.」라고 하였다.

풀이

1) 朱文公(주문공): 남송(南宋)의 大儒(대유)인 朱子(주자). 이름은 희(熹)이다. 유가의 性理學(성리학)을 大成시킨 분이다.

2) 顯達(현달): 높은 지위에 오름.

한자

廢(폐할 폐)　恃(믿을 시)　怠(게으름 태)　勤(부지런할 근)
惟(오직 유)　顯(나타날 현)　寶(보배 보)　珍(보배 진)
宜(마땅할 의)

성리학(性理學)

春秋(춘추)·戰國(전국)시대의 제자백가 시기부터 사회적·정치적으로 큰 영향력을 지녔던 유가(儒家)는 이후 진(秦)나라 때 법가(法家) 이외의 사상이 모두 금지된 후 침체기를 겪다가 한(漢)나라 때에 다시 부활하여 발전기를 이루고, 한나라 멸망 후 이어지는 분열기와 수(隋)·당(唐) 시기에 그 명맥을 이어가면서 송(宋)대 학풍의 원류를 이루어간다. 960년 송나라의 건국과 함께 국가가 안정을 되찾으면서 학자들은 더 이상 훈고(訓詁)에 매달리지 않고 나름대로 성인(聖人)의 정신을 파악하려 노력하는데, 이러한 학풍이 바로 성리학(性理學)을 일으켰다. 북송(北宋)의 주돈이로부터 발단하여 소옹, 장재, 정호, 정이를 거쳐 남송(南宋)의 주희(朱熹)에 이르러 종합적인 체계를 갖추게 된다.

(네이버 문학비평용어사전, 2006.01.30, 국학자료원) 발췌

性卽理(성즉리)는 중국 송대(宋代)의 철학자 정이천(程伊川)이 주창하고 주자(朱子)가 계승한 주자학의 근본 명제(命題)이다. 혼탁한 '기(氣)'로 더럽혀지지 않은 '성(性:본연의 성)'이야말로 천리(天理)라고 주장하는 설(說)이다. 성(性)과 정(情)을 분명하게 구별한 연후에, 그 성을 함양하기 위해 엄격한 도덕적·학문적 수양을 요구하는 주자학 특유의 엄격주의의 기본이 되었다.

(네이버 두산백과)

송(宋)대로 접어든 이후 관료학자(士大夫)로서의 유학자(儒學者)들은 불교(佛敎)의 출세간성(出世間性)·반사회성·비윤리성 등을 공허하다(虛學)고 비판하면서 자신들의 성리학을 참된 학문(實學)이라고 정당화하였다. 당시 유학자들이 보기에 도교의 은둔 경향과 불교의 세속을 떠난 출가는 가정과 사회의 윤리 기강을 무너뜨리는 요인이었다.

성리학은 가족을 중심으로 하는 혈연 공동체와 국가를 중심으로 하는 사회 공동체의 윤리 규범을 제시함으로써 사회의 중심 사상으로 발전하였다. 특히 ≪대학≫에 나오는 팔조목(八條目)인 격물(格物)·치지(致知)·성의(誠意)·정심(正心)·수신(修身)·제가(齊家)·치국(治國)·평천하(平天下)를 개인의 수양과 국가의 통치를 위한 행위 규범으로 삼았다.

성리학은 주로 사회적 인간관계와 개인의 수양이라는 두 측면에서 그 사상을 심화시켰다. ≪주례(周禮)≫를 중시함으로써 사회 윤리인 예(禮)를 강조함과 동시에 우주 본체, 인간 심성과 같은 형이상학적 탐구를 심화시킴으로써 노교나 불교를 형이

상학적으로 비판할 수 있는 근거를 마련하였다.

성리학의 집대성자 주희는 유교의 텍스트들 중에서 ≪대학≫·≪논어≫·≪맹자≫·≪중용≫의 사서(四書)를 經典(경전)화시킴으로써 그 지위를 격상시켰다.

四書(사서)의 정립을 통하여 공자(孔子)·증자·자사(子思)·맹자(孟子)라는 儒學(유학) 도통의 계보를 역사적으로 예시하고자 하였다.

또한 朱熹(주희)는 四書(사서)에 주(註)를 달았는데 이는 나중에 성리학자들의 필독서가 되었다. 이와 같이 성리학의 중심 텍스트를 선정하고 거기에 새로운 해석학적 틀을 제공함으로써 새로운 유학으로 거듭났다.

(네이버 성리학 한국민족문화대백과, 한국학중앙연구원) - 발췌

03

徽宗皇帝曰:「學者는 如禾如稻하고 不學者
휘 종 황 제 왈 학 자 여 화 여 도 불 학 자

는 如蒿如草로다. 如禾如稻兮여 國之精糧이
여 호 여 초 여 화 여 도 혜 국 지 정 량

요 世之大寶로다. 如蒿如草兮여 耕者憎嫌하
세 지 대 보 여 호 여 초 혜 경 자 증 혐

고 鋤者煩惱니라. 他日面墻에 悔之已老로다.」
서 자 번 뇌 타 일 면 장 회 지 이 로

徽宗 황제께서 말씀하셨다:「배우는 사람은 벼와 같고, 배우지 아니하는 사람은 잡초와 같도다. 벼는 나라의 精糧(좋은 양식)이요, 세상의 큰 보배로다. 들에 나는 잡풀은 밭가는 사람이 미워하고 싫어하며, 김매는 자가 번뇌하는 것이로다. 훗날 눈앞에 벽이 가로막는 답답함이 닥치게 되면, 후회해도 그 때는 이미 늙어버린 뒤일 것이로다.」

풀이

1) 徽宗皇帝(휘종황제): 송(宋)나라 제8대 임금. 이름은 조길(趙佶)이다. 그는 온갖 예술에 통하고 글씨와 그림에도 능했으며 도교를 숭상하여 스스로 '교주도군황제(敎主道君皇帝)'라 일컬었다.

2) 蒿(호): '蒿'는 일반적으로 '쑥'이라는 의미를 가지지만, '잡초'의 의미로 쓰인다. '草(초)' 역시 잡초를 말함이다.

3) 兮(혜): 중국 고시(古詩)에서, 문장 중간이나 문미에 쓰이는 어기조사이다. 音律(음율)을 맞추거나 어감을 부드럽게, 아니면 글자수의 규형을 맞추기 위해 뜻 없이 쓰이는 조사이기도 하다.

4) **面墻(면장)**: 담을 앞에 두고 마주 선다는 뜻으로, 무식한 사람의 어리석고 무능함을 비유한 것이다. ≪논어(論語)≫ 양화편(陽貨篇)에 '사람으로서 周南(주남)과 召南(소남)을 배우지 않으면 담장을 정면으로 마주하고 서 있는 것과 같다(人而不爲周南召南其猶正牆面而立也與).'에서 유래하였다.

5) **鋤(서)**: '호미'에서 '김을 매다'의 의미이므로, '鋤者'는 김매는 사람이다.

6) **老(노)**: '늙다'의 의미로, 또는 '늦다'의 의미로 보아도 무방하다.

한자

徽(나름다울 휘) 宗(근본 종) 皇(임금 황) 帝(임금 제)
禾(벼 화) 稻(벼 도) 兮(어조사 혜) 蒿(쑥 호)
草(풀 초) 耕(밭갈 경) 憎(미워할 증) 嫌(싫어할 혐)
鋤(호미 서) 煩(번민할 번) 惱(번민할 뇌) 面(얼굴 면)
墻(담 장) (≒牆)

(윤현주의 세상 속으로) **시(詩)를 알아야 소통한다.**

한국교육과정평가원(이하 교과평)이 국회의원이 된 도종환 시인의 시(詩)를 교과서에서 삭제토록 권고했다가 여론이 악화되자 방침을 철회했다. 교과평은 본전도 못 건진 꼴이다. 교과서 삭제 논란은 일단락됐지만 이번 사태를 계기로 각박한 요즘, 사회적 소통을 위해 시가 어떤 역할을 할 수 있는지 생각해 봤으면 한다.

언제부턴가 '소통 부재'라는 말이 일상어가 됐다. 정치지도자와 국민, 좌와 우, 부모와 자식, 선생과 학생, 윗사람과 아랫사람 사이의 소통이 힘들다는 목소리가 높다. 소통이 안 되는 사회는 말이 안 통하는 사회다. 말이 안 통하니 갈등을 해소할 길이 없다. 결국 냉소주의가 횡행하거나 분노가 폭발할 수밖에. 곳곳에서 일어나고 있는 갈등과 폭력은 소통 부재가 큰 원인이다.

소통을 하려면 말이 통해야 한다. 말이 통하려면 우선 뜻을 정확하게 표현할 수 있어야 한다. 그런 후에 상대방의 말을 정확하게 이해해야 한다. 뜻하는 바를 표현하지 못하고 말귀를 못 알아들으면 소통은 불가능하다. 흔히 말하는 '열린 마음'은 그 다음의 일이다. 이 대목에서 시의 효용 가치가 빛을 발한다. 모든 문학은 언어예술이지만, 그중에 시는 으뜸 자리에 있다. 시에는 의미가 있고 감흥이 있고 상징이 있고 가락이 있다. 그래서 옛 성현들은 학문의 맨 앞에 시를 두었다. 선비들은 둘만 모여도 시를 지었고 시를 읊조렸다. 시가 곧 소통이었다.

공자는 시의 달인이었다. 전래의 시 300편을 '시경'으로 편집했고 제자들에게 시를 배우라고 독려했다. 아들 백어(伯魚)에게 "시를 공부하지 않으면 말을 제대로 할 수 없다"고 했다. 또 "주남과 소남(시경 맨 앞 편명)을 배우지 않으면 담벼락을 마주하고 서 있는 것(正牆面而立)과 같다"며 시를 익힐 것을 당부했다. '담벼락을 마주하는 것(牆面·장면)'이란 견문과 학식이 적어 도무지 통하지 않게 된다는 의미이다. 우리 격언 중에 "알아야 면장(面長)을 한다"는 말이 여기에서 유래됐다. 그러나 이는 '면장(免牆)·담벼락을 마주하는 것을 면한다는 뜻'이 와전된 것이다.

어찌 됐든 옛날부터 학문에서 무엇보다 시의 효용을 높이 쳤음을 알 수 있다.

송복 연세대 명예교수는 수년 전 '시와 시학'에 기고한 글에서 "학교에서 시를 가르치지 않는 것은 학생을 모두 '재주 부리는 곰새끼'로 만들려고 함에서다. 학교에서 시를 낭송하지 않는 것은 학생을 모두 '요령 피우는 빼꾸기'로 만들려 함에서다"라고 비판했다. 그러면서 인구 370만 명의 아일랜드가 노벨문학상 수상자를 네 명(예이츠, 버나드 쇼, 셰이머스 히니, 사무엘 베케트)이나 배출하고 세계적인 IT강국이 된 것은 시의 힘이라고 말했다.

송 교수의 지적이 아니어도 우리 학교 현장의 시 교육은 아닌 게 아니라 엉터리다. 시를 낭독하고 짓게 해서 시의 즐거움을 가르치는 것이 아니라 시의 주제부터 파악하게 하고 수사법을 분석하고 시대적 배경을 외우게 한다. 오로지 시험 대비용이다. 그러니 아이들에게 시는 즐거움이 아니라 고통이다. '시를 읽지 않는 사회'는 그 연원이 학생시절에 가 닿아 있다.

시인들의 책임도 크다. 시인이 독자보다 많다고 할 정도로 넘쳐나지만 감동을 주는 시는 드물다. 어려운 시를 써야 대가연(大家然)하는 세상이다. 매달 쏟아져 나오는 시들을 읽노라면 암호처럼 해독 불가한 경우가 다반사다. 가뜩이나 복잡한 세상, 시마저 골칫거리가 되어서야 쓰겠는가. 말장난류의 시들도 세상을 어지럽히고 있다.

그런 면에서 도종환 시인은 매우 귀한 존재이다. 그의 시는 쉽다. 그러면서도 의미가 있고 감동이 있고 운율이 살아 있다. 서정시의 정수를 보인다. 그런데 교과서 검정 기관이 정치적 이유로 그의 시를 교과서에서 삭제하라고 종용했으니, 말문이 꽉 막힌다. 시를 잘 모르는 무지의 소치라고 해야 하나. 이번 사태를 계기로 '시 읽는 사회'가 빨리 왔으면 좋겠다. 그러면 소통은 저절로 이뤄질 텐데. (부산일보 2012.07.11)

자위백어왈 여위주남소남의호 인이불위주남소남 기유
子謂伯魚曰: 女爲周南召南矣乎. 人而不爲周南召南, 其猶
정장면이립야여
正牆面而立也與. 논어(論語) 양화(陽貨)

十. 省心篇

01

父不憂心은 因子孝요 夫無煩惱는 是妻賢이라
부 불 우 심 　 인 자 효 　 부 무 번 뇌 　 시 처 현

言多語失은 皆因酒요 義斷親疏는 只爲錢이라.
언 다 어 실 　 개 인 주 　 의 단 친 소 　 지 위 전

아버지가 근심이 없는 것은 자식이 효도하기 때문이요, 남편이 번뇌가 없는 것은 아내가 어질기 때문이다. 말이 많아 실수하는 것은 모두 술 때문이요, 의가 끊어지고 멀어지는 것은 오직 돈 때문이다.

풀이

1) 不(불): '不'은 일반적으로 '아니다', '…하지 마라'의 쓰이지만, '없다'라고 새길 수도 있다. '憂心'은 '걱정하는 마음'이므로, 즉 '父不憂心'은 '부모가 걱정하는 마음이 없다'로 번역된다. 뒤의 '無(무)'와 같은 의미이다.

2) 爲(위): 여기서의 '爲'는 앞의 '因(인: 연유, 까닭)' 자와 같은 의미로 쓰였다. 즉 '… 때문이다'라는 의미를 가지는 전치사다. 전체적으로 '오로지 돈 때문에 친구간의 의가 끊기고 동기간이 멀어진다'로 번역이 된다.

한자

憂(근심 우)	因(인할 인)	煩(괴로워할 번)	뇌(괴로워할 뇌)
妻(아내 처)	賢(어질 현)	皆(모두 개)	義(옳을 의)
斷(끊을 단)	疏(트일 소)	只(단만 지)	

02

自信者는 人亦信之하나니 吳越이 皆兄弟요
자신자　인역신지　오월　개형제
自疑者는 人亦疑之하나니 身外는 皆敵國이
자의자　인역의지　신외　개적국
니라.

자신을 믿는 자는 남도 또한 자기를 믿어주니, 오(吳)나라와 월(越)나라 같은 원수사이도 다 형제가 될 수 있으며, 자신을 의심하는 자는 남도 또한 자기를 의심하니, 자기 몸 외에는 모두가 적국이 되느니라.

풀이

1) 自信(자신): 스스로를 믿다. 자기 자신을 믿다.
2) 吳越(오월): 중국 전국시대에 吳(오)와 越(월)나라는 자주 전쟁을 하여 서로 원수지간으로 생각하였다.
3) 自疑(자의): 자신이 자신을 의심하고 못믿다.
4) 身外(신외): 자신 이외의 모든 사람.

한자

疑(의시할 의)　吳(나라 이름 오)　越(나라 이름 월)　皆(다 개)
身(몸 신)　敵(원수 적)

알아보기 臥薪嘗膽(와신상담)

'臥薪嘗膽'은 섶나무 위에서 잠자고 쓸개를 핥는다는 뜻으로, 목적을 달성하기 위해 어떤 고난도 감수하는 정신을 말한다.

기원전 496년 춘추시대말기, 越(월)나라 왕 윤상(允常)이 병으로 죽자 아들 구천(勾踐)이 왕위를 이어받았다. 吳(오)나라 왕 闔閭(합려)는 越(월)나라가 國喪(국상)을 치르는 틈을 타서 군대를 진격시켰으나 오히려 대패하고 闔閭(합려)는 화살에 맞아 중상을 입었다. 闔閭(합려)는 임종 시에 아들 夫差(부차)에게 복수를 유언했다. 吳(오)나라 왕이 된 夫差(부차)는 伍子胥(오자서)를 상국(相國)으로, 백비(伯嚭)를 태재(太宰)로 삼아 越(월)나라를 공격할 준비를 했다. 복수를 위해 夫差(부차)가 군사 조련과 군비확충에 전념한다는 소식을 들은 句踐(구천)은 선제공격을 했으나 대패하여 도망친다.

越(월) 왕 句踐(구천)은 최후의 결전을 벌이려고 했으나 문종(文種)과 범려(範蠡)는 맹목적인 결전은 오로지 죽음뿐이라면서 吳(오)나라 대신인 백비(伯嚭)에게 뇌물을 주어 후일을 도모하자고 설득하여 백비(伯嚭)에게 뇌물을 바친다. 백비(伯嚭)는 吳(오)왕 夫差(부차)에게 越(월)나라 句踐(구천)을 살려줄 것을 권유한다. 夫差(부차)는 신하 伍子胥(오자서)의 반대에도 불구하고 句踐(구천)이 吳(오)나라로 와서 속죄를 해야 한다는 조건이었다.

句踐은 대부 범려 등을 데리고 오나라로 갔다. 夫差는 아버지 闔閭의 陵墓(능묘) 옆에 돌집을 짓고 구천을 살게 하고, 죄수

옷을 입혀 말을 먹이는 苦役(고역)을 시켰다. 그리고 夫差(부차) 자신이 외출을 할 때면 범려(範蠡) 등을 밟고 수레를 탔으며, 句踐(구천)에게는 말고삐를 잡게 했다. 문종(文種)은 백비(伯嚭)에게 미녀와 금은보화를 보내어, 句踐(구천)을 越(월)나라로 돌려보내도록 夫差(부차)에게 진언해 달라고 부탁했다.

2년 동안 句踐(구천)이 진심으로 속죄했다고 생각한 夫差(부차)는 신하 백비(伯嚭)의 말을 듣고 句踐(구천)을 越(월)나라로 돌려보냈다.

越(월)나라로 돌아온 句踐(구천)은 원수를 갚겠다는 일념으로 고기를 먹지 않았으며 무명옷을 입고 잠도 돗자리 대신 섶나무를 펴고 잤다. 또한 밥상에 쓸개를 달아놓고 음식을 먹을 때마다 그 쓸개를 맛보고는 "句踐(구천)아, 회계(會稽)의 치욕을 잊었단 말이냐?" 하고 외치곤 했다.

越(월)나라가 강해지자 伍子胥(오자서)는 "句踐(구천)이 지금 쓸개를 맛보며 국민들과 함께 복수를 벼르고 있습니다." 하고 夫差(부차)에게 여러 번 간언을 했다. 그러나 부차는 그 말을 듣지 않고 오히려 伍子胥(오자서)를 멀리하였고 결국은 2년 후에 伍子胥(오자서)는 죽게 된다.

句踐(구천)은 범려(範蠡)와 함께 吳(오)나라를 공격했다. 결국 句踐(구천)은 吳(오)나라를 멸망시켰다. 句踐(구천)은 夫差(부차)에게 회계(會稽) 동쪽에 있는 자그마한 섬인 용동(甬東)을 주어 살게 하였으나 夫差(부차)는 자살을 택한다. 句踐(구천)은 자신을 살려준 백비(伯嚭)를 죽인다.

03

諷諫에 云하되:「水底魚天邊雁은 高可射兮
풍 간 운 수 저 어 천 변 안 고 가 사 혜
低可釣나, 惟有人心咫尺間이라도, 咫尺人心
저 가 조 유 유 인 심 지 척 간 지 척 인 심
은 不可料니라.」
불 가 료

諷諫에 이르기를:「물밑의 물고기와 하늘가의 기러기는, 높은 것은 활로 쏘고, 낮은 것은 낚을 수 있거니와, 오직 사람의 마음은 지척이지만, 지척의 사람 마음은 헤아릴 수 없다.」고 하였다.

풀이

1) 諷諫(풍간): '완곡한 표현으로 잘못을 고치도록 말함'의 의미인데, 여기서는 작자 년대 미상의 책 이름으로 쓰였다.
2) 咫尺(지척): 아주 가까운 거리. '咫(지)'의 길이는 그 시대마다 달라서 알 수가 없다. 예를 들어, 漢(한) 나라 때의 도량형에 의하면 1척(尺)은 약 22센티미터, 지(咫)는 8촌(寸) 약 18센티 미터 정도이다. 그래서 '咫尺(지척)'은 바로 코앞이라는 의미로 쓰인다.

한자

諷(욀 풍)	諫(간할 간)	底(밑저; 바닥 저)	低(밑 저)
魚(고기 어)	雁(기러기 안)	射(궁술 사)	釣(낚시 조)
惟(오직 유)	咫(길이 지)	尺(자 척)	料(헤아릴 료)

04

太公曰: 「凡人不可逆相이요 海水不可斗量
태공왈 범인불가역상 해수불가두량
이니라.」

태공께서 말씀하셨다: 「사람은 얼굴의 상(相)을 보고 그 사람의 능력이나 됨됨을 판단할 수 없고, 바닷물은 말이나 되로써 그 큼을 잴 수가 없는 법이다.」

한자

凡(무릇 범) 逆(예측할 역) 相(얼굴 상) 海(해)(바다 해)
斗(말 두) 量(헤아릴 량)

풀이

1) 凡(범): 혹자는 여기서의 '凡'을 '보통', '평범하다'의 의미로 보아, '凡人(범인)' 즉 '평범한 사람' 한 사람으로 보는 경우를 볼 수 있다. 그렇다면 '평범한 사람은 되고, 비범한 사람은 안 된다'라는 말인데, 성립되지 않는다고 본다. 여기서의 '凡'은 '무릇', '대저' 등의 '대체적으로', '모든' 등의 의미를 가지는 부사이고, '人'이 단음절이므로 뒤에 오는 '海水'가 두 음절로 이뤄졌기 때문에 글자의 수를 맞추는 對句(대구)의 기능을 하고 있다고 본다.
2) 逆(역): '逆'은 '거스르다', '맞이하다' 등의 의미를 가지지만, 여기서는 '預測(예측)하다', '헤아리다(度)'의 의미를 가진다.

읽어보기

중국의 속담에 「凡人不可貌相(범인불가모상), 海水不可斗量(해수불가두량).」 즉 '한 사람을 외모만 가지고 그가 어떤지를 판단하면 안 되고, 바다의 물은 말(곡식을 되는 단위 도는 용기)로 그 양을 잴 수 없다'는 듯이다. 이 속담은 우리에게 사람을 평가할 때, 외모만으로 한사람을 평가할 수 없고, 겉모습만 보고 사람을 평가해서는 안 된다는 것을 말하고 있다. 또한 현재의 상황만으로 그 사람의 미래를 예측하고 평가해서도 안 된다는 말이다.

다른 해석(1)

태공께서 말씀하셨다. 범인(평범한 사람, 보통사람)은 상(타고난 바탕)을 거스를 수 없으며, 바닷물은 말로 헤아릴 수 없느니라.

다른 해석(2)

무릇 사람은 가히 앞날을 점칠 수가 없고, 바닷물은 말(斗)로 써 그 양을 될 수 없느니라.

05

史記에 曰:「郊天禮廟엔 非酒不亨이요 君臣
사기 왈 교천예묘 비주불형 군신
朋友엔 非酒不義요 鬪爭相和엔 非酒不勸이
붕우 비주불의 투쟁상화 비주불권
라. 故로 酒有成敗而不可泛飮之니라.」
고 주유성패이불가봉음지

史記에서 이르기를:「하늘에 제사를 지내고 사당에 제례(祭禮)를 올림에도 술이 아니면 흠향(歆饗)하지 않고, 임금과 신하, 벗과 벗 사이에도 술이 아니면 의리가 두터워지지 않을 것이요, 싸움을 하고 서로 화해함에도 술이 아니면 권하지 못할 것이요, 그러므로 술은 성공과 실패를 가져다주므로 엎어지도록 마셔서는 안 된다." 하였다.」

풀이

1) 史記(사기): 漢(한) 武帝(무제) 때 사마천(司馬遷)이 上古(상고) 시대의 黃帝(황제)로부터 漢武帝 때까지 약 3,000년 동안의 중국의 역사를 기록한 책.

2) 郊天(교천): 임금이 천신(天神)에게 제사를 지내던 일. 혹은 그 제단(祭壇). ≪사기(史記)≫ 봉선편(封禪篇)에 의하면 동지(冬至)에 남교(南郊: 남쪽 성문 밖 100리 떨어진 곳)에서 하늘에 제사하는 것을 교(郊)라 하고, 하지(夏至)에 북교(北郊)에서 땅에 제사하는 것을 사(社)라고 함. 곧 교(郊)에서 상제(上帝)에 제사하는 교제(郊祭)와 사직신(社稷神)에 대한 제사인 사직제(社稷祭)를 일컫는다.

3) 亨(형): '형통하다', '제사를 드리다' 등의 의미를 가지지만, 여기서는 '음향(歆饗)하다', 즉 '신명(神明)이 제물을 받아서 먹다'의 의미로, '不亨(불형)'은 '신명(神明)이 음식을 받아먹지 않는다'라는 의미이다.

4) 泛飮(봉음): 엎어지도록 마심. '泛'은 '뜨다'라고 할 때는 '범'으로 읽지만, '엎다, 전복시키다' 등으로 해석할 때는 '봉'으로 읽는다. 또는 '泛飮(범음)'으로 읽고 '물을 쏟아 붓듯이 마심'으로 해석도 한다.

사마천(司馬遷) — 사기(史記)

1. 司馬遷

漢(한)의 歷史家(역사가). 字(자)는 자장(子長). 사마천은 기원전 145년 경, 士官(사관)인 太史令(태사령)을 역임했던 司馬談(사마담)의 아들로 태어났다. 젊었을 때 전국 각처를 주유(周遊)하며 전국 시대 제후(諸侯)의 기록을 수집 정리하였다. 기원전 104년 공손경(公孫卿)과 함께 태초력(太初曆)을 제정하여 후세 역법(曆法)의 기틀을 마련하고, 아버지 司馬談의 뒤를 이어 태사령(太史令)직을 승계하였다.

2. 宮刑(궁형)

역사서술에 몰두하던 사마천에게 갑자기 불행이 닥쳤다. 흉노(匈奴)와의 전투에서 투항했던 이릉(李陵)이라는 장수를 변호하다 황제의 분노를 불러 일으켜 사형에 처해지게 됐던 것이다. 그는 당시의 관행에 따라 사형도 돈으로 사면 받을 수 있었지만, 집안이 넉넉하지 못했기 때문에 사형 대신 거세(去勢) 형(刑)

을 백하였다.

3. 사마천의《史記》

죽은 목숨이나 같은 궁형(宮刑)을 당하고도 살려고 했던 것은 불후의 사서(史書)를 완성하기 위한 집념이었다. 결국 그는 本紀(본기), 表(태), 書(서), 列傳(열전) 등의 다섯 부분으로 구성된 『史記』를 완성하였다. 사기(史記)는 총 1백30편, 52만6천여 字의 방대한 양을 통해 전설시대인 黃帝(황제)때부터 漢의 武帝까지 약 3천여 년의 역사를 기록했던 것이다.

4. 이능의 화(李陵之禍)

한(漢)나라 7대 황제인 무제(武帝: B.C.141~87) 때, 5000의 보병을 이끌고 흉노(匈奴)를 정벌하러 나갔던 이릉(李陵)장군은 열 배가 넘는 적의 기병을 맞아 10여 일간은 잘 싸웠으나 결국 중과부적(衆寡不敵)으로 패하고 말았다. 그런데 이듬해 놀라운 사실이 밝혀졌다. 난전(亂戰)중에 전사한 줄 알았던 李陵이 흉노에게 투항하여 후대를 받고 있다는 것이었다. 이를 안 무제는 크게 노하여 李陵의 일족(一族)을 참형에 처하라고 엄명했다. 그러나 중신을 비롯한 李陵의 동료들은 침묵속에 무제의 안색만 살필 뿐 누구 하나 李陵을 위해 변호하는 사람이 없었다.

司馬遷은 지난날 흉노(匈奴)에게 경외(敬畏)의 대상이었던 이광(李廣) 장군의 손자인 李陵을 평소부터 '목숨을 내던져서라도 국난(國難)에 임할 용장(勇將)'이라고 굳게 믿어 왔기 때문이다. 그는 사가(史家)로서의 냉철한 눈으로 사태의 진상을 통찰하고 대담하게 무제에게 아뢰었다. "황공하오나 李陵은 소수의 보병으로 오랑캐의 수만 기병과 싸워 그 괴수를 경악케 하였으나 원군은 오지 않고 아군 속에 배반자까지 나오는 바람에 어쩔 수 없이 패전한 것으로 생각되옵니다. 하오나 끝까지 병졸들과 고생을 같이한 李陵(이능)은 인간으로서 극한의 역량을 발휘한 명장이라 해도 과언이 아닐 것이옵니다. 그가 흉노에게 투항한 것도 필시 훗날 황은(皇恩)에 보답할 기회를 얻기 위한 고육책(苦肉策)으로 사료되오니, 차제에 폐하께서 李陵의 무공을 천하에 公表(공표)하시오소서."

武帝(무제)는 진노하여 사마천을 투옥(投獄)한 후, 궁형(宮刑)에 처했다. 세인(世人)은 이 일을 가리켜 "이능의 화(李陵之禍)"라 일컫고 있다. 사마천은 이를 친구인 '임안(任安)에게 알리는 글 報任安書(보임안서)'에서 "최하급의 치욕"이라고 적고, 이어 착잡한 심정을 이렇게 쓰고 있다. "내가 법에 따라 사형을 받는다고 해도 그것은 한낱 '아홉 마리의 소(牛)중에서 터럭 하나 없어지는 것'과 같을 뿐이니 나와 같은 존재는 땅강아지나 개미 같은 미물과 무엇이 다르겠나? 그리고 세상 사람들 또한 내가 죽는다 해도 절개를 위해 죽는다고 생각하기는커녕 나쁜 말하다가 큰 죄를 지어서 어리석게 죽었다고 여길 것이네."라고 자신의 비참한 심경을 친구에게 하소연 하였다.

06

天不生無祿之人하고 地不長無名之草이니라.
천불생무록지인 지부장무명지초

하늘은 복록(福祿)이 없는 사람을 내지 아니하고, 땅은 이름 없는 풀을 기르지 아니한다.

풀이

1) 祿(녹): '祿'은 '祿俸(녹봉)', 즉 '벼슬아치에게 일 년 또는 계절 단위로 나누어 주던 금품(쌀, 보리, 명주, 베, 돈 따위)'을 통틀어 이르는 말이다. 여기서는 '먹을 것과 입을 것'을 말한다. 우리말 속담에 '저 먹을 건 다 가지고 태어난다.'라는 말이 있다.
2) 長(장): 여기서는 '자자다', '기르다'의 의미이다.

한자

無(없을 무)　祿(복 녹)　地(땅 지)　長(자랄 장)
名(이름 명)　草(풀 초)

孟子(맹자)

孔子의 유가사상을 공자의 손자인 자사(子思)의 문하생에게서 배웠다. 어릴 때 현모(賢母)의 손에서 자라났으며 맹모삼천지교(孟母三遷之敎)는 유명한 고사이다. 孟子의 이름은 맹가(孟軻)이다. 지금의 산동성(山東省) 추현(鄒縣)에 있었던 추(鄒)에서 출생하였다. 전국시대에 배출된 제자백가(諸子百家)의 한 사람으로서 약 15년 동안 각국을 유세하고 돌아다녔으나, 자기의 주장이 채택되지 않자 고향에 은거하였다. 제후가 찾는 것은 부국강병(富國强兵)이나 외교적 책모(策謀)였으나, 맹자가 내세우는 것은 도덕정치인 왕도(王道)였기 때문일 것이다.

맹자는 고자장(告子章)에는 사람이란 인고(忍苦)의 세월을 견디어내야만 큰일을 할 수 있다는 명문(名文)을 볼 수 있다.

「舜(순)임금 같은 聖君(성군)도 밭농사에서부터 출발했고 傅說(부열)같은 殷(은)나라의 명재상도 성벽을 쌓는 인부에서 등용되었으며, 膠鬲(교격) 같은 어진 신하도 소금 굽는 염전에서 文王(문왕)에게 拔擢(발탁)되었고, 齊桓公(제환공)을 도와 천하를 제패한 管仲(관중)도 옥중에 갇혀 있던 몸으로 등용되었으며, 楚莊王(초장왕)을 도와 覇天下(패천하)를 한 孫叔敖(손숙오)도 바닷가에 숨어 사는 가난한 선비로 천거를 받았고, 秦穆公(진목공)을 도와 패천하를 한 百里奚(백리해)는 팔려 다니던 몸이었다.

하늘이 장차 큰일을 사람에게 맡기려 할 때는 반드시 먼저 그 마음을 괴롭히고, 그 몸을 지치게 하고, 그 육체를 굶주리게 하고, 그 생활을 곤궁하게 해서 행하는 일이 뜻과 같지 않게 한다. 이것은 그들의 마음을 움직여 참을성을 키워 일찍이 할 수 없었던 일을 할 수 있도록 함이다. 사람은 언제나 과오를 저지른 뒤에야 고칠 수 있고, 생각이 막히고 마음에 곤란을 당하며 비로소 분발하고, 얼굴빛이나 소리로 드러낸 뒤에야 사람들은 깨닫게 된다. 안으로 법도를 따르는 사대부와 보필하는 선비가 없고, 밖으로 균형을 맞추려는 상대국이 없고 외환(外患)이 없으면 그런 나라는 망하는 법이다. 우환(憂患)은 사람을 살게 하고, 안락(安樂)함은 사람을 죽인다는 이치를 알 수가 있는 것이다.」

07

王良이 曰:「欲知其君인대 先視其臣하고 欲
왕 량 왈 욕 지 기 군 선 시 기 신 욕
知其人인대 先視其友하고 欲知其父인대 先
지 기 인 선 시 기 우 욕 지 기 부 선
視其子하라. 君聖臣忠하고 父慈子孝이니라.」
시 기 자 군 성 신 충 부 자 자 효

王良이 말하였다:「그 임금을 알려면 먼저 그의 신하를 보고, 그 사람을 알려면 먼저 그의 친구를 볼 것이며, 그 아비를 알려면 먼저 그의 자식을 보라. 임금이 덕을 쌓으면 신하는 충성스러울 것이요, 아비가 자애로우면 아들은 효성스러운 법이다.」

【原文】

1) 王良(왕량): 漢(한)나라 사람이고 자는 '仲子(중자)'이다.

2) 聖(성): 인격이 고상하고, 지혜가 넘치는 사람을 말한다.

한자

欲(하고자할 욕) 君(임금 군) 視(볼 시) 臣(신하 신)

聖(성스러울 성) 忠(충성 충) 慈(사랑할 자) 孝(효도 효)

08

白玉은 投於泥塗라도 不能汚涅其色하고, 君
백옥　투어니도　불능오열기색　군
子는 行於濁地라도 不能染亂其心하나니, 松
자　행어탁지　불능염란기심　송
栢可以耐雪霜이요 明智可以涉艱危이니라.
백가이내설상　명지가이섭간위

백옥은 진흙땅에 던져져도 그 백옥의 색을 시꺼멓게 물들이게 할 수는 없으며, 군자는 탁지(濁地: 더러운 곳)에 가더라도 그의 마음을 더럽히거나 어지럽게 할 수는 없다. 송백(松栢)은 눈과 서리를 견디어 낼 수 있고, 밝은 지혜는 어렵고 위급함을 건널 수 있는 것이다.

풀이

1) 汚涅(오열): '汚'는 '더럽다'에서 '더럽게 물들이다'의 의미이고, '涅'은 '개흙', '진흙' 등의 의미도 가지지만, 여기서는 동사로서 '(검게) 물들이다'의 의미로 해석된다.
2) 可以(가이): '~할 수 있다'의 의미를 가지는 조동사이다.

한자

投(던질 투)　泥(진흙 니)　塗(진흙 도)　汚(더러울 오)
涅(개흙 열)　濁(흐릴 탁)　染(물들일 염)　亂(어지러울 난)
松(소나무 송)　栢(측백나무 백)　耐(견딜 내)　雪(눈 설)
霜(서리 상)　涉(건널 섭)　艱(어려울 간)　危(위태할 위)

09

性理書에 云하되: 「接物之要은 己所不欲을 勿施於人하고 行有不得이어든 反求諸己니라.」
성리서 운 접물지요 기소불욕 물시어인 행유부득 반구저기

性理書에 이르기를: 「사물을 접하는 요점은, 자기가 하고자 하지 않는 것은 남에게 베풀지 않고, 행하여 얻지 못하는 것이 있으면, 돌이켜 자기 자신에게 구하라.」 하였다.

풀이

1) 己所不欲, 勿施於人(기소불욕, 물시어인): 論語(논어) 顔淵(안연) 편에 나오는 글로 '자신이 원하지 않는 것은 남에게 시키지 마라'라고 새긴다.
2) 反求諸己(반구저기): '諸'는 '之於'의 준말이다. '反求諸己'는 '反求之於己'이고, 즉 '행하고도 얻지 못하면, 얻지 못한 그것(그 이유)을 자기 자신에서 찾아라'라는 전체의 의미이다.

한자

接(사귈 접)	物(만물 물)	要(요점 요)	欲(하고자할 욕)
施(베풀 시)	得(얻을 득)	反(되돌릴 반)	諸(어조사저)

'도(道)'의 출현…하늘로부터 인간 독립선언

서양에서는 탈레스를 '철학의 아버지'로 부르면서 최초의 철학자라는 칭호를 붙인다. 탈레스는 이 세계의 근원은 물이라고 말했다. 탈레스가 이 말을 하기 전에 당시 사람들은 모두 이 세계의 근원은 '신'이라고 믿었었다.

신의 뜻으로 이 세계가 이뤄졌다고 믿던 당시 사람들과 달리 탈레스는 오로지 자신의 생각하는 능력에 의존해서 이 세계가 물을 근원으로 이뤄진 것으로 이해했다. 탈레스를 최초의 철학자라고 하는 이유는 이처럼 신에 대한 믿음으로부터 벗어나서 자기 스스로의 생각으로 이 세계와 마주하기 시작했기 때문이다. 이 세계의 근원을 물로 이해한 탈레스의 생각이 화학적으로나 물리학적으로나 지구과학적으로 옳지 않을 수도 있다. 하지만 그것은 우리에게 중요하지 않다. 우리는 탈레스가 '생각'하기 시작했다는 점을 중시해서 보기 때문이다. 철학은 믿음에서 생각으로, 신에게서 인간으로 이동하는 역사를 보여준다.

중국에서는 노자와 공자를 최초의 철학자들이라고 한다. 그것은 노자와 공자가 이 세계의 모든 것을 신이 결정했다고 하는 믿음으로부터 벗어나서 자신들만의 생각하는 능력으로 세계와 직접 관계하려고 했기 때문이다. 이 세계의 모든 것을 결정하던 신의 명령을 중국인들은 '천명(天命)'이라고 불렀다. 그런데 계급구조(군자·소인)가 흔들리고 정치구주(천자·제후)에 균열이 가면서 그런 보는 이분구도를 안정적으로 지탱해줄 것으로 믿어왔던 하늘에 대한 믿음이 사라져버렸다. 당시 중국에서 하늘의 존재 자체가 의심되자 이 세계의 믿을 수 있는 대상으로 인간 자신만을 남겨 뒀다. 하늘이 사라지고 인간만이 남게 된 세상에서 인간은 새로운 시대적 문제의식을 안게 된다.

여기서 오해하지 말자. 공자도 '논어'에서 빌 곳을 찾고 또 하늘을 얘기한다는 기록이 있는데, 어떻게 하늘을 모두 제거했다고 말할 수 있느냐고 항의할 수도 있겠다. 하지만 어떤 경향은 도도한 흐름으로 앞으로 나아가고 어떤 경향은 과거의 흔적으로만 여전히 조금 남겨지는 경우도 있다. 여기서 우리는 역사의 도도한 흐름을 말하고 있을 뿐이다.

인간이 인간만의 능력으로 건립한 그 길을 바로 '도(道)'라고 한다. 여기서 말하는 인간만의 능력은 믿음의 힘이 아니라 생각하는 힘을 말한다. 인간은 이제 천명을 따르지 않고 도를 따라야 한다. 우리는 이 단계에 이르러 비로소 우리에게 익숙한 도를 만나게 됐다. 이렇게 보면, 도의 출현은 바로 중국 문명에서 최초로 터져 나오는 인간의 독립선언이다.

도의 출현 이전에 중국인이 세계를 해석하는 두 개의 중심축은 '천(天)'과 '덕(德)'이었다.

도가 출현하고 나서 이제 중국인들은 세계와 관계하고 세계를 해석하며 또 삶의 의미를 확인하는 두 개의 중심축을 새롭게 갖게 됐으니 그것은 바로 도와 덕이다. 우리가 흔히 말하는 '도덕(道德)'은 바로 이 도와 덕을 붙인 말이다.

천명이 극복의 대상이 됐다는 사실은 우리에게 철기의 발명

이후 새롭게 진행되는 사회·경제적 변화 조건을 천명이 담아내지 못하는 모순을 노정했을 것이라고 짐작하게 한다. 그렇다면 역사 발전 추세와 인간들의 개명 정도에 비춰 봤을 때 당시의 천명이 갖고 있던 부적합한 모순이란 무엇일까?

하늘의 뜻인 천명은 하늘의 아들인 천자를 통해서만 인간의 세상 속으로 전달된다. 천자에게만 천명이 알려져 있다는 것은 천자 이외의 사람들에게는 비밀스러운 것으로 감춰져 있다는 말이다. 천명에 있는 이 비의성(秘意性)은 천자가 임의대로 천명을 행사하거나 자신의 주관적 의사를 천명인 것처럼 행사하게 만드는 온상이다. 당시의 중국인들은 경험을 통해 유사한 역사적 사실들이 천자에 의해서 사안에 따라 다르게 다뤄지는 것을 목격하고 천명이 꼭 일관성이 있는 것은 아닐 것이라는 의심을 하기도 했다. 이런 것들은 모두 천명을 천자가 비밀스럽게 독점해서 주관적으로 행사함으로써 개명해가는 인간들로부터 믿음을 상실했기 때문이다. 그래서 천명에 있던 문제점을 비의성, 임의성 그리고 주관성이라고 말할 수 있겠다.

도는 천명을 극복하려는 매우 인간적인 범주의 개념이다. 도가 천명을 극복하려면 천명에 있는 문제점, 즉 비의성과 임의성 그리고 주관성을 극복해 투명성과 객관성 그리고 보편성을 확보해야 한다. 이후 도를 중심에 놓고 인간의 길을 건설하려는 모든 철학자들은 자신의 철학 안에서 이 세 가지 조건을 충족시켜야 했다.

천명론을 극복해 인간의 길을 건립하려고 했던 대표적인 최초의 철학자로 노자와 공자가 있다. 모두 춘추(春秋) 말에서 전국(戰國) 초 사이에 활동했던 인물들이다. 이들은 중국에서 최초로 투명성과 객관성 그리고 보편성이 확보된 인간의 길, 즉 도를 건립하려고 노력했는데, 각자가 갖고 있던 영감의 원천이 달랐던 까닭에 각기 다른 방식의 인간의 길을 꾸몄다. 공자는 혁명적인 선언을 하기에 이른다. "인간이 인간인 이유는 인간 자신에게 있다!" 공자 이전의 사람들은 아마 인간이 인간인 이유는 바로 하늘의 명령 때문이라고 말했을 것이다. 하지만 공자는 그런 믿음을 과감히 거부하고 인간이 인간인 이유를 인간을 초월해 있는 어떤 절대적 힘에 의존하지 않고 인간 자신에게서 발견했던 것이다.

인간이 인간인 이유를 공자는 '인(仁)'을 갖고 있기 때문이라고 했다. 공자에 따르면 인간은 신의 명령 때문이 아니라 바로 이 인을 갖고 있기 때문에 인간으로서 존재할 수 있게 된다. 그래서 인간은 이제 하늘의 뜻을 어떻게 잘 따를 것인가 하는 사명 대신에 이 인을 어떻게 잘 보존하고 어떻게 잘 키울 것인가 하는 새로운 사명을 가진 존재가 됐다.

공자는 인을 잘 실천할 수 있는 황금률을 하나 제시한다. "네가 하고 싶지 않은 것은 다른 사람에게 시키지 말라!(己所不欲勿施於人, '論語 衛靈公')" 여기서 우리는 공자가 말하는 도의 성격을 천명과는 다른 각도에서 볼 수 있다. 자기가 원하지 않는 것을 다른 사람에게 시키지 않는 이 규칙만 평생 지킬 수 있다면 가장 완벽한 인간이 될 수 있다고 보는 것이 공자의 생각이다.

내가 원하는 것과 타인이 원하는 것이 같다는 것을 짐작할 수 있다. 내가 원하지 않으면 타인도 원하지 않을 것임도 알 수 있다.

그렇다면 나의 욕망은 타인의 욕망과 다르지 않다. 왜? 인간으로서의 '씨앗'인 인을 모두 함께 공유하고 있기 때문이다. 인이라는 공통의 기반 위에 서 있는 한 원하고 원하지 않는 것이 서로 크게 다르지 않을 것이다. 그래서 나의 욕망은 타인에게 알려질 수 있고, 타인의 욕망도 나에게 알려질 수 있다. 기본적인 정서는 모두 서로에게 개방돼 있는 것이다. 서로에게 개방돼 있다면 이것은 투명한 것이다. 투명한 상태로 누구에게나 적용된다면 이는 보편적이다. 보편적으로 개방돼 있는 한 이것은 주관성에 좌우되지 않고 객관적일 수밖에 없다.

더욱 적극적인 공자의 한 말씀이 있다. "인이 있는 자는 자기가 서고 싶으면 다른 사람도 서게 해 주고, 자기가 통달하고 싶으면 다른 사람도 통달하게 해준다(仁者 己欲立而立人 己欲達而達人, '論語雍也')." 공자가 볼 때 인간은 이제 하늘의 은총을 비밀스러운 풍경 속에서 각자 다르게 받은 존재가 아니라 인이라는 씨앗을 공통의 기반으로 공유하는 투명하고 개방적인 존재로 새롭게 태어났다. 이렇게 해서 공자가 걷고자 했던 인간의 길은 투명성과 객관성 그리고 보편성을 확보하게 됐다.

(MK뉴스 2012.03.26.) 최진석 서강대 철학과 교수

十一. 立敎篇

01

孔子三計圖에 云하되: 「一生之計는 在於幼
공 자 삼 계 도 운 일 생 지 계 재 어 유
하고 一年之計는 在於春하고 一日之計는 在
일 년 지 계 재 어 춘 일 일 지 계 재
於寅이니 幼而不學이면 老無所知요 春若不
어 인 유 이 불 학 노 무 소 지 춘 약 불
耕이면 秋無所望이요, 寅若不起면, 日無所辦
경 추 무 소 망 인 약 불 기 일 무 소 판
이니라.」

孔子의 三計圖에 이르기를: 「일생의 계획은 어릴 때 있고, 일년의 계획은 봄에 있고, 하루의 계획은 새벽에 있으니, 어려서 배우지 않으면 늙어서 아는 것이 없고, 봄에 농사를 짓지 않으면 가을에 바랄 것이 없으며, 새벽에 일어나지 않으면 하루 종일 일할 것이 없다.」 하셨다.

풀이

1) 寅(인): 여기서는 인시(寅時)를 말함. 곧 오전 3시에서 5시 사이로, 새벽을 뜻한다.
2) 辦(판): '힘을 다하다', '처리하다', '~을 하다' 등의 의미를 가진다.

한자

計(계략 계)	圖(꾀할 도)	幼(어릴 유)	春(봄 춘)
寅(셋째지지 인)	老(늙은이 로)	若(만일 약)	耕(밭갈 경)
秋(가을 추)	望(바랄 망)	起(일어날 기)	辦(힘쓸 판)

百年之計莫如樹人(백년지계막여수인)

백년 계획을 세우려면 인재 양성하는 것 만한 것이 없다

管子(관자)는 하루의 계획은 새벽 寅시(3시에서 5시)에 세워야 하고(一日之計在於寅), 일 년의 계획은 봄에 세워야 하고(一年之計在於春), 일생의 계획은 어릴 적에 세워야 한다(一生之計在於幼). 그리고 일년의 계획은 곡식을 심는 것만큼 좋은 것이 없고(一年之計莫如樹穀), 십년의 계획은 나무를 심는 것만큼 좋은 것이 없으며(十年之計莫如樹木), 백년의 계획은 사람을 심는 것만큼 좋은 것이 없다(百年之計莫如樹人).

하나를 심어서 하나를 얻는 것은 곡식이다(一樹一獲者穀也), 하나를 심어서 열 개를 얻는 것은 나무다(一樹十獲者木也), 하나를 심어서 백을 얻는 것은 사람이다(一樹百獲者人也)라고 했다.

또 이런 글도 있다. 젊어서 부지런히 배우지 않으면 늙어서 반드시 후회하게 되고(少不勤學老後悔), 편안히 지낸다고 어려움에 대한 생각을 하지 않으면 실패한 뒤에 반드시 후회하게 된다(安不思難敗後悔). 봄에 밭 갈고 씨 뿌려 가꾸지 않고서 어찌 가을이면 추수할 수가 있는가(春若不耕秋無所望).

(경기신문 2014.02.16) 근당 梁澤東(한국서예박물관장)

02

性理書에 云하되: 「五敎之目은 父子有親하
성 리 서 운 오 교 지 목 부 자 유 친
며 君臣有義하며 夫婦有別하며 長幼有序하
군 신 유 의 부 부 유 별 장 유 유 서
며 朋友有信이니라. 三綱은 君爲臣綱하고 父
붕 우 유 신 삼 강 군 위 신 강 부
爲子綱하고 夫爲婦綱이니라.」
위 자 강 부 위 부 강

性理書에 이르기를: 「다섯 가지 가르침의 조목은, 아버지와 자식사이에는 서로 친함이 있어야 하며, 임금과 신하의 사이에는 의가 있어야 하며, 남편과 아내 사이에는 분별이 있어야 하며, 나이 많은 이와 적은 이 사이에는 차례가 있어야 하며, 친구 사이에는 믿음이 있어야 하는 것이다. 三綱이라는 것은, 임금은 신하의 벼리가 되고, 아버지는 자식의 벼리가 되며, 남편은 아내의 벼리가 되는 것이다.」라고 하였다.

풀이

1) 五敎之目(오교지목): 다섯 가지 교육의 조목. 즉 오륜(五倫).
2) 三綱(삼강): 儒家(유가)의 도덕에 있어, 세 가지 기본이 되는 벼리로, 君臣(군신) · 父子(부자) · 夫婦(부부)의 길. '綱'은 '벼리'의 뜻으로, '벼리'란 그물 위쪽 코를 꿴 굵은 줄을 말함. 즉 사물을 총괄하여 규제하는 것을 말함. 여기서는 道德(도덕)과 法則(법칙) 그리고 規律(규율) 등을 의미한다.

한자

敎(가르침 교) 目(조목 목) 親(친할 친) 義(옳을 의)
婦(아내 부) 別(나눌 별) 長(어른 장) 幼(어릴 유)
綱(벼리 강)

한비자(韓非子)

중국 전국(戰國)시대 말기 한(韓)나라의 공자(公子)로 법치주의(法治主義)를 주창한 한비(韓非: BC 280?~BC 233)와 그의 논저(論著)를 말함이다. 韓非子는 중국 고대 법가(法家)의 사상을 집대성한 사상가다. 인간은 욕망의 충족을 목표로 투쟁하는 이기적인 존재라 규정, 法(법)에 의한 지배가 사회의 질서를 가져온다는 지배계급의 사상을 설파하였다.

* 겨울에 대지를 굳게 닫고 얼게 하는 엄동이 없으면 봄에서 여름에 걸쳐 초목이 무성하게 성장하지 못한다. 사람도 어려움을 겪지 않으면 후일의 번영은 없다.
* 개나 말을 그리는 것이 가장 어렵다. 개나 말은 누구나 보아서 쉽게 알 수 있으므로 이것을 잘 그리기가 쉽지 않다. 그러나 귀 신이나 도깨비는 아무도 본 사람이 없다. 그러므로 어떻게 그려도 사람들은 그런가 하고 생각하기 때문에 그리기가 쉽다.
* 사람을 등용하는데 자기의 일족이라고 해서 사양할 필요도 없고, 또는 원수라고 해서 그것을 피할 필요도 없다. 모두 적재적 소(適材適所)에 발탁해서 써야 한다.
* 영구히 강한 나라도 없고 영구히 약한 나라도 없다. 나라의 강 하고 약한 것은 경영 여하에 달려 있다.
* 임금은 좋아하고 싫어하는 것을 밖으로 나타내어서는 안 되는 것이다. 아랫사람들이 여기에 영합하기 때문이다.

十二. 遵禮篇

01

子曰:「君子가 有勇而無禮면 爲亂하고 小人이
자왈 군자 유용이무례 위란 소인
有勇而無禮면 爲盜니라.」
유용이무례 위도

孔子께서 말씀하시기를:「君子가 용기만 있고 예(禮)가 없으면 세상을 어지럽게 하고, 소인이 용기만 있고 예(禮)가 없으면 도둑이 되느니라.」라고 하셨다.

한자

勇(날쌜 용) 無(없을 무) 禮(예도 예) 爲(될 위)
亂(어지러울 난) 盜(훔칠 도)

알아보기 墨子(묵자)

墨子(묵자)의 이름은 적(翟)으로, 제자백가의 하나인 墨家(묵가)의 시조로 전국시대 초기에 활약한 사상가이다. '墨' 자는 '먹 묵' 자이다. 죄를 지으면 이마나 팔뚝에 죄인이라는 문신을 하는 墨刑(묵형)이 존재 했는데, 묵자를 그러한 계층이나, 商工(상공)에 종사하는 하층계층의 사람으로 해석되고 있다.

묵자는 귀천의 구분 없이 누구든 능력이 있는 사람을 등용하는 '상현(尙賢)'과 지나친 군주의 사치와 유가의 葬禮(장례)문화를 반대하는 '절용(節用)'과 '절장(節葬)', 전쟁에 반대하고, 귀천을 가리지 않는 사랑을 주장하는 '비공(非攻)'과 '겸애(兼愛)' 등을 주장하였다.

* 개 한 마리를 훔치면 불인(不仁)이라고 한다. 그러나 한 나라를 훔치고 이를 의(義)라고 한다.
* 근본이 흐려 있으면 그 끝인 흐름은 맑을 수가 없다. 행동의 근본에 신의가 없으면 반드시 망한다.
* 민심을 파악하는 데 성공하면 나라는 다스려지고, 민심을 알지 못하면 나라는 어지러워진다.
* 서로를 사랑하고 서로를 이롭게 한다. 남 보는 것을 내 몸을 보는 것처럼 하라.
* 어진 왕일지라도 공(功)이 없는 신하는 사랑하지 않고, 자비로운 아버지일지라도 말썽을 피우는 자식은 사랑하지 않는다.
* 옛날 하(夏) 나라 걸왕(桀王)이 난폭해서 천하를 어지럽게 했으나 은(殷)나라 탕왕(湯王)은 그 뒤를 받아 흐트러진 나라를 훌륭하게 다스렸다. 은(殷) 나라 주왕(紂王)도 난폭한 정치를 해서 천하를 어지럽게 했으나 주(周) 나라 무왕이 그 뒤를 받아서 훌륭하게 나라를 다스렸다. 아무리 흐트러져 있어도 그 뒤의 사람이 노력하면 이것을 만회할 수가 있다. 천하의 흥망과 선치(善治)는 결코 운명이 아니다.
* 정치란 약한 자를 밟아 버리고 강한 자에게 세력을 더해 주는 수가 많다. 이처럼 부족해 있는 자에서 더욱 빼앗아 그것을 남는 자에게 더해 주는 일을 하게 되면 그런 국가는 망하는 것이다.
* 편안하게 있을 곳이 없는 것이 아니다. 편안한 마음이 없기 때문에 편안하지 않은 것이다. 곧 만족만 한다면 어떤 경우라도 편안한 곳이다.
* 포목을 염색하기 위해서 붉은 눌삼이나 푸른 물감에 담그게 된다. 사람도 처음 접하는 것에 따라서 여러 가지로 변한다.

十四. 言語篇

01

君平이 曰:「口舌者는 禍患之門이요 滅身之
군평 왈 구설자 화환지문 멸신지
斧也이니라.」
부야

君平이 말하였다:「주둥이라는 것은 화(禍)와 우환(憂患)의 문이요, 몸을 멸하는 도끼다.」

한자

舌(혀 설) 禍(근심 환) 患(근심 환) 滅(멸망할 멸)
身(몸 신) 斧(도끼 부)

老子(노자)

노자(老子)의 생애(生涯)에 대한 정확한 기록은 없다. 사마천의 '사기(史記)' <노자열전(老子列傳)>을 보면 "노자는 초(楚)나라 고현(苦縣)사람이다. 성(姓)은 이(李)요, 이름은 이(耳)고, 자(字)는 백양(白陽)이며, 시호(諡號)는 담(聃)으로 벼슬은 주(周)나라에서 수장실(守藏室)의 사(史)를 지냈다. 노자는 주(周)나라가 쇠망할 것을 미리 몸을 숨기려 하였다. 이에 윤희(尹喜)라는 사람이 '선생께서 은둔하시려 하시니, 몇 자 글을 남겨 두십시오' 하여 남긴 것이 지금 우리가 볼 수 있는 <老子> 또는 '道德經(도덕경)'이라고 불리는 책이다.

사마천 史記(사기)에 공자가 노자를 찾아가 예(禮)에 관해서 물었다는 대목이 있다. 노자는 말했다: 「그대가 말하는 성현들은 그 육신과 뼈가 모두 이미 썩어버리고 단지 그 말만 남아 있을 뿐이오. 하물며 군자도 그때를 만나면 관직에 나아가지만, 때를 못 만나면 이리저리 날려 다니는 다북쑥처럼 떠돌아다니는 유랑의 신세가 될 것이오. 뛰어난 장사꾼은 물건을 깊이 숨겨두어 겉으로는 아무것도 없는 것 같이 보이고, 군자는 훌륭한 덕을 간직하고 있으나 외모는 어리석게 보인다고 들었소. 그대의 교만과 탐욕, 허세와 지나친 욕망을 버리도록 하시오. 이러한 것들 모두가 그대에게 아무런 도움이 되지 않을 것이오. 내가 그대에게 말할 것은 단지 이것뿐이오.」

지나친 예법(禮法)과 인위적인 규제로 지배하려는 유가(儒家)를 비판하고, 무위자연(無爲自然)과 허정무욕(虛靜無欲)이 노자의 핵심 사유다. 노자의 사상은 한마디로 무위자연(無爲自然) 사상이다.

무위자연(無爲自然)은 억지로 무엇을 하지 않고 순수하게 자연의 순리에 따르는 삶을 산다는 의미를 지닌다. 무위(無爲)는 인위(人爲)의 반대 개념이다.

"무위자연(無爲自然)"네 글자는 "도(道)"라는 한 글자로 노자는 표현하고 있다. 사계절이 순환이 되고, 삶과 죽음과 같은 이러한 자연의 현상을 말로 표현할 수는 없지만, 이러한 현상에 내해 이야기를 하려고 한다면, 이름이 있어야하기 때문에 잠정적으로 '道'라고 한 것이다. 노자에 있어서 道가 自然(있는 그대로의 현상)이다. 자연이란 도의 행해지는 모습이므로 누구라도 이를 본받아 행하면 곧 도가 세상에 행해지게 될 것이라는 생각인 것이다. 유가는 인위적인 수양과 노력을 강조한 반면, 도가는 무위 자연(無爲自然)을 강조하고 있음을 볼 수 있다.

다음은 도덕경 첫 장인 제1장의 글이다. '道德經(도덕경)'은 老子(노자) 이래로 많은 사람들이 풀이를 하고, 실체를 밝히고자 노력하고 있다.

도가도 비상도 명가명 비상명
道可道, 非常道. 名可名, 非常名.

무명천지지시 유명만물지모
無名天地之始, 有名萬物之母.

고상무욕이관기묘 상유욕이관
故常無欲以觀其妙, 常有欲以觀.

차량자 동출이이명
此兩者, 同出而異名.

동위지현
同謂之玄.

현지우현
玄之又玄.

중묘지문
衆妙之門.

● 번역 1

도올 김용옥 (노자와 21세기)

도를 도라고 말하면
그것은 늘 그러한 도가 아니다.
이름을 이름지우면
그것은 늘 그러한 이름이 아니다.
이름이 없는 것을

천지의 처음이라 하고,
이름이 있는 것을
만물의 어미라 한다.
그러므로
늘 욕심이 없으면
그 묘함을 보고,
늘 욕심이 있으면
그 가장자리만 본다.
그런데 이 둘은
같은 것이다.
사람의 앎으로 나와
이름만 달리했을 뿐이다.
그 같은 것을 일컬어
가물타고 한다.
가물고 또 가물토다!
모든 묘함이
이 문에서 나오지 않는가!

● 번역 2

이경숙 (노자를 웃긴 남자)

도(는 그 이름을)를 도라고 해도 좋겠지만
(그 이름이) 꼭(항상) 도이어야 할 필요는 없다.
(어떤)이름으로 (어떤 것의)이름을 삼을 수는 있지만
꼭(항상) 그 이름이라야 하는 것은 아니지 않은가?
이름을 붙이기 전에는 천지의 시작이니 따질 수 없고
(우리가)이름을 붙이면 만물의 모태로서 모습을 드러내는 것이니
이름을 붙이기 전(도의 이전)에는(천지지시의) 묘함을 보아야 하지만
(※묘함은 볼 수 있는 것이 아니다)
이름을 붙인 후(도의 이후)에야 그것의 요(실상계의 모습)을 피악할 수 있느니라.
이 두 가지는 똑같은 것인데

다르게 보이는 것은 그 이름뿐이니
(도 이전의 세계와 도 이후의 세계가)검기는 마찬가지여서
이것도 검고 저것도 검은 것이니
(도와 도 이전의 무엇은 같은 것이니라)
도는 모든 묘함이 나오는 문이다(지금부터 그것을 말하려 하는니라).

● 번역 3

余培林 註譯, 新譯老子讀本(臺灣 三民書局)

"道"는 풀어서 말할 수는 없는 것인데, 풀어서 말할 수 있는 "道"는 영원불변하는 "道"가 아닌 것이다.

"名"은 일컬을 수 없는 것인데, 일컬을 수 있는 "名" 영원불변 "名"은 아닌 것이다.

"無"는 天地를 형성의 시작이요, "有"는 萬物創生의 근원이다.

그러므로 "無"에서 "道"의 오묘함을 볼 수 있고, "有"에서 그 쓰임의 끝없음을 볼 수가 있다.

"無"와 "有"의 명칭은 다르지만, 모두가 "道"에서 나왔기 때문에 심오(深奧)한 것이다. 심오함이 극에 이르면, 그것이 모든 이치와 모든 변화의 근본(道)이 되는 것이다.

● 번역 4

徐興東, 道德經釋義 (中國 齊魯書社)

道를 설명 할 수 있다면, 그것은 영원한 "道"가 아니고; 이름(名)을 붙일 수 있다면, 영원한 "이름(名)"이 아닌 것이다.

形象도 없고 이름이 없는 것이 자연계의 原初이고, 形象이 있고 이름이 있는 것은 萬事萬物의 근원(根源)인 것이다.

그래서 흔히 형상이 없는 곳에서 "道"의 미묘(微妙)함을 관찰하고, 흔히 형상이 있는 곳에서 만물의 끝(終極)을 알게 한다. 이 둘(無와 有)은 같은 곳에서 왔지만 서로 다른 명칭을 가진 것이다.

모두가 深奧하고 玄妙 하다고 말 할 수 있고, 深奧하고 玄妙함은 모든 미묘한 변화의(우주만물) 門인 것이다.

02

利人之言은 煖如綿絮하고 傷人之語는 利如
이인지언　난여면서　상인지어　이여
荊棘하야 一言半句가 重値千金이요 一語傷
형극　일언반구　중치천금　일어상
人에 痛如刀割이니라.
인　통여도할

사람을 이롭게 하는 말은 따뜻하기가 솜과 같고, 사람을 상하게 하는 말은 날카롭기가 가시와 같아서, 한 마디 말이 사람을 이롭게 함에 무겁기가 천금과 같고, 한 마디 말에 사람을 상하게 함에 아프기가 칼로 베는 것과 같다.

한자

利(이로울 리)　煖(따뜻할 난)　綿(솜 면)　絮(솜 서)
傷(상처 상)　利(날카로울 리)　荊(가시나무 형)　値(값 치)
棘(가시나무 극)　重(무거울 중)　痛(아플 통)　割(나눌 할)

十四. 交友篇

01

子曰:「與善人居에 如入芝蘭之室하여 久而
자 왈 여 선 인 거 여 입 지 란 지 실 구 이
不聞其香하되 卽與之化矣요. 與不善人居에
불 문 기 향 즉 여 지 화 의 여 불 선 인 거
如入鮑魚之肆하여, 久而不聞其臭하되 亦與
여 입 포 어 지 사 구 이 불 문 기 취 역 여
之化矣니 丹之所藏者는 赤하고 漆之所藏者
지 화 의 단 지 소 장 자 적 칠 지 소 장 자
는 黑이라 是以로 君子는 必愼其所與處者焉
흑 시 이 군 자 필 신 기 소 여 처 자 언
이니라.」

孔子가 말씀하시기를:「착한 사람과 살면 난초가 있는 방에 들어간 것과 같아서 오래되면 그 향기를 맡지 못하게 될지라도 곧 이와 더불어 동화되고, 착하지 못한 사람과 같이 있으면 절인 어물가게에 들어간 것과 같아서 오래되면 그 냄새를 맡지 못하더라도 또한 이와 더불어 동화되나니, 단사(丹砂)를 지닌 사람은 붉어지고, 옻을 지닌 사람은 검어진다. 이런 까닭에 군자는 반드시 그 함께 있는 사람을 삼가서 선택한다.」라고 하셨다.

한자

與(더불어 여)	居(살 거)	芝(지초 지)	蘭(난초 난)
室(집 실)	久(오랠 구)	聞(들을 문)	卽(곧 즉)
化(될 화)	藏(감출 장)	鮑(절인어물 포)	肆(가게 사)
臭(냄새 취)	赤(붉을 적)	漆(옻 칠)	黑(검을 흑)
愼(삼갈 신)	處(살 처)		

02

家語에 云하되: 「與好學人同行에 如霧露中
가 어 운 여 호 학 인 동 행 여 무 로 중
行하여 雖不濕衣라도 時時有潤하고 與無識
행 수 불 습 의 시 시 유 윤 여 무 식
人同行에 如厠中坐하여 雖不汚衣라도 時時
인 동 행 여 측 중 좌 수 불 오 의 시 시
聞臭니라.」
문 취

家語에 이르기를: 「학문을 좋아하는 사람과 더불어 동행한다면 마치 안개와 이슬 속을 가는 것과 같아서 비록 옷을 적시지 않더라도 때때로 물기의 베어듦이 있고, 무식한 사람과 더불어 동행하면 마치 뒷간에 앉은 것과 같아서 비록 옷은 더럽히지 않더라도 때때로 그 냄새가 맡아진다.」라고 하였다.

한자

霧(안개 무)	露(이슬 로)	雖(비록 수)	濕(축축할 습)
時(때 시)	潤(젖을 윤)	識 (알 식)	厠(뒷간 측)
坐(앉을 좌)	汚(더러울 오)	聞(맡을 문)	臭(냄새 취)

풀이

家語(가어): ≪孔子家語≫의 준말이다. 孔子와 공자의 제자의 언행 등을 기록한 책이다.

十五. 勸學篇

01

朱文公 曰:「勿謂今日不學而有來日하고 勿
주 문 공 왈 물 위 금 일 불 학 이 유 래 일 물
謂今年不學而有來年하라. 日月逝矣라 歲不
위 금 년 불 학 이 유 래 년 일 월 서 의 세 불
我延이니 嗚呼老矣라 是誰之愆고.」
아 연 오 호 노 의 시 수 지 건

朱文公이 말씀하셨다:「오늘 배우지 아니하고서 내일이 있다고 말하지 말며, 금년에 배우지 아니하고서 내년이 있다고 말하지 말라. 해와 달은 가고, 세월은 나를 위해 더디 가지 않는 법이다. "아! 늙었다!"라고 하면, 이것은 누구의 허물인가?」

한자

勿(말 물) 逝(갈 서) 歲(해 세) 延(끌 연)
嗚(탄식 소리 오) 呼(부를 호) 誰(누구 수) 愆(허물 건)

풀이

1) 주문공(朱文公): 남송(南宋)의 大儒(대유)인 朱子(주자). 이름은 희(熹)이다. 유가의 性理學(성리학)을 大成시킨 분이다. 이 글은 '朱文公勸學文(주문공권학문)'이라고도 한다.

2) 延(연): '延'은 '연장하다', '이끌다', '뒤로 늦추나' 등의 의미를 가지시만, 여기서는 '기다리다'의 의미로 새긴다. '歲不我延'은 '歲不延我'의 도치문우로, '세월은 나를 기다려주지 않는다'의 의미이다.

주자(朱子) — 朱喜(주희)

유학(儒學)의 집대성자로 불리는 주희(朱熹)는 1130년 江西(강서)에서 태어났다. 그러나 그의 생애는 대부분 福建(복건)에서 진행됐기 때문에, 그곳의 고유명칭인 민(閩)자를 붙여 그의 학파를 閩學(민학)이라고 부른다.

주희(朱熹), 張橫渠(장횡거), 邵康節(소강절), 程明道(정명도), 程伊川(정이천)등의 관념론을 적절히 조화시켜 이를 집대성한 것으로 평가되는 주희의 性理學(성리학)은 理(이)와 氣(기)의 관계를 집의 구조와 자재와의 관계로 설명하여 理學(이학)의 중요성을 강조함으로써 유학의 형이상학적 측면을 더욱 심화시켰다. 이를 통해서 우리는 신유학이 불교의 영향으로 인해 도덕적이고 현세적이며 형이하학적인 원시유학과는 대조적임을 알 수 있다. 그는 또한 맹자를 유교의 정통으로 삼아 孔孟(공맹)사상의 뿌리를 선명하게 부각시켰다. 특히 맹자의 성선설에 입각하여 교육의 가치를 강조했으며, 그 구체적인 지침으로 三綱五常(삼강오상)을 강조했다.

주희(朱熹)는 1200년에 사망했지만, 유학(儒學)에 대한 그의 입장은 이후 정통적인 것으로 확립됐다. 마침내 1313년경에 이르러 유교경전에 대한 그의 해설, 즉 朱子學(주자학)이 모든 과거시험의 기준이 됨으로써 그의 입장은 더욱 확고부동해졌다. 그러나 이러한 현상은 중국문화의 경직성을 심화시키는 결과를 초래하는 부작용도 낳았다.

02

小年은 易老하고 學難成하니 一寸光陰이 不
소 년 이 로 학 난 성 일 촌 광 음 불
可輕이라. 未覺池塘에 春草夢하여 階前梧葉
가 경 미 각 지 당 춘 초 몽 계 전 오 엽
이 已秋聲이라.
이 추 성

소년은 늙기 쉽고 학문은 이루기 어려우니, 일촌의 시간이라도 가벼이 여겨서는 안 된다. 아직 연못(池塘)의 봄풀은 꿈에서 깨어나지 못했는데, 섬돌 앞의 오동나무 잎사귀는 이미 가을의 소리를 내는구나.

한자

易(쉬울 이)	難(어려울 난)	陰(음달 음)	輕(가벼울 경)
覺(느낄 각)	池(못 지)	塘(못 당)	夢(꿈 몽)
階(섬돌 계)	梧(벽오동나무 오)	葉(잎 엽)	聲(소리 성)

풀이

1) 이 글 역시 주자(朱子)의 ≪권학문(勸學文)≫에 나오는 시의 첫 구절로, ≪偶成(우성)≫이란 제목의 시다.
2) 光陰(광음): 햇빛과 그늘, 즉 낮과 밤이라는 뜻으로, 시간이나 세월을 이르는 말이다.

03

陶淵明詩에 云하되:「盛年은 不重來하고 一日은 難再晨이라. 及時에 當勉勵하라 歲月은 不待人이니라.」

도연명시 운 성년 부중래 일 / 일 난재신 급시 당면려 세월 / 부대인

陶淵明의 시에 이르기를:「젊음은 거듭 오지 아니하고, 하루의 아침도 두 번 오지 않는다. 젊었을 때에 마땅히 학문에 힘쓰라, 세월은 사람을 기다리지 않는다.」

한자

盛(번성할 성)　重(겹칠 중)　再(거듭 재)　晨(새벽 신)
及(이르다 급)　時(때 시)　當(당할 당)　勉(힘쓸 면)
勵(힘쓸 려)　歲(세월 세)　待(기디릴 대)

풀이

1) 及時(급시): '때를 만나다', '유리한 시기를 얻다'의 의미로, 즉 '젊어서 공부하기 좋을 때' 등으로 번역할 수 있다. '及時'는 그밖에도 '적당한 때', '때가 되면' 등의 다양한 의미로 쓰인다.

2) 當(당): '當'은 '應當(응당) ~해야 한다'의 조동사로 쓰였다. 즉 뒤의 동사 '勉勵(면려)'을 수식하고 있다. '젊어서는 응당히 애써 노력해야만 한다'의 전체적인 의미이다.

04

荀子曰:「不積蹞步면 無以至千里요 不積小流면 無以成江河니라.」

순자왈 부적규보 무이지천리 부적소류 무이성강하

荀子가 말하였다:「반걸음을 쌓지 않으면 천리에 이를 방도가 없으며, 작은 물줄기를 쌓지 않으면 강하(江河)를 이룰 길이 없느니라.」

한자

積(쌓을 적)　　蹞(반걸음 규)　　步(걸음 보)　　至(이를 지)
流(흐를 류)　　成(이룰 성)

풀이

1) 荀子(순자): 중국 전국시대(戰國時代) 사상가이며 조(趙)나라 사람이었다. 그의 출생은 기원전 약 328년으로 추정한다. 성은 순(荀)이고 이름은 황(況)이다. 그리고 자(字)는 경(卿)이다. 맹자(孟子)의 성선설(性善說)을 비판하여 성악설(性惡說)을 주장했으며, 예(禮)를 강조하는 유학 사상을 발달시켰다. 위 글은 荀子의 ≪勸學(권학)≫이라는 글이다.

2) 蹞步(규보): 반걸음. '蹞'는 '반걸음'이라는 의미의 글자로, '跬(규)'와 같은 글자이다. '한 발 내딛는 것을 跬(규)'라고 하였고, '두 발 내 딛는 것을 步(보)'라고 한다.

荀子(순자)

중국 전국시대(戰國時代) 사상가이자 유학자로, 성은 순(荀), 이름은 황(況), 자(字)는 경(卿)이다. 순경(荀卿)이 아니라 손경(孫卿)으로 쓰이기도 했는데, 이는 순(荀)과 손(孫)의 소리가 같기 때문이었다. 맹자(孟子)의 성선설(性善說)을 비판하여 성악설(性惡說)을 주장했으며, 예(禮)를 강조하는 유학 사상을 발달시킨 사상가이다.

공자(孔子) 이후 맹자(孟子)에 의하여 정비된 유가(儒家)는 내면적·주관적인 입장만이 강화되었으므로 순자(荀子)는 이에 반대하여 공자의 예(禮)의 사상을 내세워, 제자백가(諸子百家)의 사상을 비판적으로 받아들이면서 객관적 입장에서 유학이 이론을 재정비하였다. 먼저 공자나 맹자에서 도덕의 기초를 이루는 것으로 생각되어 온 천(天)의 권위를 부정하고 하늘은 인간의 도덕적 활동과는 아무런 관계도 없는 자연의 천공(天空)에 불과한 것이라 하여 '하늘과 사람과의 분리'를 선언하였다. 그것은 자연으로부터의 인간의 독립선언으로서는 귀중한 뜻을 지녔으나 유학의 전체적 역사에서 볼 때는 이단적(異端的)이었다. 독립된 인간의 존엄성은 예(禮)에 의해서만 유지되는 것으로, 예(禮)는 순자의 경우, 성인(聖人)이 정한 사회규범(社會規範)으로 뚜렷한 객관적 형식이었으며, 그에 따르는 것만이 인간의 사회생활에서 질서와 평화가 유지되는 것이라 하였고, 따라서 만물의 영장인 인간의 가치도 발휘된다고 하였다.

인간의 수양(修養)은 맹자와 같이 인간의 심성(心性)을 선(善)으로 보아 그 선을 발전시키는 방향이 아니며 예(禮)의 형식에 의하여 외부로부터 후천적으로 쌓아 올리는 것이라 하였다. 즉, '인성(人性)은 악(惡)'이며 '날 때부터 이(利)를 좋아하고' '질투하고 증오하는' 것이므로 그대로 방치하면 쟁탈(爭奪)과 살육이 발생하기 때문에 악(惡)이라는 본성을 교정(矯正)하는 '사법(師法)의 가르침과 예의의 길'인 위(僞: 人爲)에 의해서만 치세(治世)를 실현할 수 있다 하여, 여기에서 맹자의 성선설(性善說)에 반대하는 성악설(性惡說)이 태어났다. 송대(宋代) 이후 이 성악설과 천(天)· 인(人) 분리설로 인하여 이단시되어 왔다.

부록

사마천(司馬遷)의 보임소경서(報任少卿書)

'報任少卿書(보임소경서)를 읽으면 司馬遷(사마천)이 보이고, 사마천을 알면 《史記(사기)》가 보인다'라는 말이 있다. '報任少卿書'는 사마천이 친구인 임안(任安)에게 답장으로 보낸 개인적인 편지이다. 사마천은 역사서인 史記(사기)의 완성을 위하여 죽음을 선택할 수조차 없었던 고뇌에 찬 심정을 '報任少卿書'라는 편지글에서 술회하고 있다. '報任少卿書'는 한 인간으로서 겪어야 했던 비통함과 치욕, 그리고 역사서의 완성이라는 의무(義務)를 짊어진 한 천재(天才)의 집념과 한이 그려져 있는 名文이다.

임안(任安)의 字는 소경(少卿)이다. 형양(滎陽) 사람으로 청년 시절 매우 가난하였으나, 후에 대상군 위청(衛靑)의 시종(侍從)이 되었다가 그의 추천으로 낭중(郎中)이 되었다. 그 후 관직은 익주자사(益州刺使)에 이르렀다. 기원전 91년, 여태자(戾太子)의 반란, 즉 무고(巫蠱)의 난이 발생하였다. 당시 任安은 경성(京城) 금위군(禁衛軍)의 북군(北軍)을 관리하는 군관으로 있었는데, 그는 여태자의 출동 명령을 받고도 군대를 동원하지 않았다. 그런데 뜻밖에 그는 북군의 한 말단 관리의 모함으로 이 사건에 억울하게 연루되어, 처형될 상황이 되었다. 자신의 억울한 옥살이를 호소하는 편지를 사마천에게 보냈다. 任安(임안)은 司馬遷(사마천)이 中書令(중서령)이라는 관직을 이용하여 자신이 선처되도록 힘 써줄 것을 부탁하고자 하였던 것이다. 하지만 사마천은 과거 자신이 당했던 비통한 교훈과 어두운 현실에 대한 심각한 인식 때문에, 任安의 부탁처럼 행하기가 어려워서 내내 답장을 하지 못하고 있었다. 그렇지만 사마천은 친구인 임안이 일단 처형되고 나면 영원히 답장할 기회를 잃고, 이것이 또 다른 평생의 한(恨)으로 남게 될까 걱정하여, 답장을 썼던 것이다.

그 해 겨울, 任安은 허리가 잘리는 요참형(腰斬刑)에 처해지고 만다.

● 번역문: 報任少卿書(보임소경서)

지난번에 보내주신 편지에서 저에게 사람들과의 관계를 원만히 하고 인재를 천거하라고 말씀하셨는데 그 말씀하시는 뜻이 너무도 간절하였습니다. 아마도 제가 少卿의 말씀에 귀를 기울이지 않고 속된 사람들의 말에 따른다고 생각하시고 책망하시는 것 같습니다만 저는 결코 그렇지 않습니다.

저는 비록 보잘것없는 존재이기는 하나 군자들의 가르침만은 거듭 귀에 담고 있습니다. 생각건대 저 자신은 비천한 처지에 빠진 불구자입니다. 무엇인가 하려고 하면 남의 비난을 받고, 더 나아지고자 하나 도리어 더 나빠질 뿐입니다. 그래서 저는 홀로 울적하고 절망하여 함께 이야기를 나눌 사람도 없습니다. 속담에 말하길 "누구를 위해 하는가, 누구더러 들으라고 하는가" 했습니다. 종자기(種子期)가 죽고 난 후 백아(伯牙)는 두 번 다시 금(琴)을 연주하지 않았습니다. 그 까닭은 무엇이었겠습니까. 선비는 자신을 알아주는 사람을 위하여 행동하고 여자는 자기를 기쁘게 해 주는 사람을 위하여 화장하는 것입니다. (士爲知己者用, 女爲悅己者容) 그러나 저와 같은 사람은 신체가 이미 망가졌으니 아무리 수후(隨候)화 화씨(和氏)의 구슬과 같은 재능이 있고, 허유(許由) 백이(伯夷)와 같이 개결(介潔)하다 할지라도 끝내 영예를 얻지 못할 것이며, 도리어 남의 비웃음이나 당하고, 스스로 부끄러워하기에나 족할 따름입니다.

당신의 편지에 대해 마땅히 답을 올려야 했지만 마침 황제를 따라 동쪽 지방을 다녀왔으며 또 제 개인적인 일에 쫓겨 서로 본지도 오래되었고 너무나 바빠서 저의 속마음을 아뢸 수 있는 여유가 없었습니다. 지금 少卿께서는 결과를 예측 할 수 없는 죄를 인고 계십니다. 한 달이 지나면 12월입니다. 저는 또 천자를 모시고 옹(雍)으로 가야하는데 그 사이 어떤 변이나 당하시지 않을까 염려스럽습니다. 그렇게 되면 저는 끝내 저의 괴로운 마음을 가까운 사람에게 말할 수도 없게 되고, 귀하 또한 회신을 받지 못하여 끝없는 원망을 하시게 될 것입니다. 저의 편협하고 고루한 생각을 대략이나마 말씀드리고자 하며, 오랫동안 답장 올리지 못한 것을 책망하지 마시기를 바랍니다.

제가 듣건대, 자신의 몸을 수양하는 것은 지(智)의 징표이며, 남에게 베풀기를 좋아하는 것은 인(仁)의 시작이며, 주고받는 것은 의(義)가 표식이며, 욕을 당하여 부끄러움을 아는 것은 용(勇)의 신결조건이며, 명망(名望)을 세우는 것은 품행의 최종목적이라고 합니다(修身者, 智之符也, 愛施者, 仁之端也; 取與者, 義之表也, 恥辱者, 勇之決也; 立名者, 行之極也). 선비는 이 다섯을 갖춘 후에야 세상에 몸을 의탁하고 군자의 대열에 설 수 있을 것입니다. 그러므로 이(利)를 탐내는 것보다 더 참혹한 화(禍)는 없으며 마음을 상하는 것보다 더 고통스런 슬픔은 없고, 조상을 욕되게 하는 것보다 더 추한 행동은 없으며 宮刑을 받는 것보다 더 큰 치욕은 없습니다. 宮刑을 당한 사람과는 그 누구도 함께 이야기하려는 사람은 없는데, 이러한 사실은 오래 전부터 있어 왔습니다. 옛날 위령공(衛靈公)이 환관인 옹거(雍渠)와 수레를 함께 타자 孔子는 치욕을 느껴 그 곳을 떠나 진(陳) 나라로 갔습니다. 상앙(商鞅)이 경감(境監)의 추천을 받아 진효공(秦孝公)의 重用을 받자 조량 (趙良)이 한심하게 여겼습니다. 환관 조담(趙談)이 문제(文帝)의 수레를 함께 타자 원앙(袁盎)이 대노하여 간했습니다.

이처럼 옛날부터 사람들은 환관과 관계를 가지는 것을 수치스럽게 여겼습니다. 평범한 사람도 환관과 관련이 되면 낙담하고 실의에 빠지는데, 하물며 포부가 원대하고 의지가 강한 선비야 더 말할 나위가 있겠습니까. 지금 조정에 아무리 사람이 없다고 한들 저같이 궁형을 받고 살아남은 사람 더러 천하의 호걸들을 추천하라고 하겠습니까.

저는 先親이 물려주신 家業을 물려받아 천자가 京城에서 20여 년 동안 벼슬을 했습니다. 그래서 스스로 생각할 때, 위로는 충성을 바치고 믿음을 다하여 훌륭한 계책을 세우고 뛰어난 재능이 있다는 칭송을 들으면서 현명한 군주를 모시지도 못하였고, 다음으로 또 군주에게 비책을 올리고 어질고 재능 있는 자를 추천하거나 초야의 숨은 선비를 조정에 드러나게 하지도 못했습니다. 또한 전장에 나가 野戰에서 싸움을 벌여 敵將의 목을 베거나 섬멸하는 공도 없습니다. 또한 날마다 공로를 쌓아 우한 俸祿과 높은 지위에 올라 가족과 친구들에게 光榮을 가져다준 적도 없습니다. 저는 이들 넷 중에서 하나도 이룬 것이 없어 구차스럽게 군주의 안색만을 살피고, 성취한 바가 하나도 없이 그냥 이렇게 지내고 있을 뿐입니다.

이전에 저는 외람되이 하대부(下大夫)의 대열에 끼어 외정(外廷) 에서 국가의 시책을 논의함에 미진하였으며, 국가의 정책법령에 따라 자신의 의견을 밝히지도 못했습니다. 지금은 몸이 병신이 되었고, 지위도 낮아져 미천한 처지에 머리를 쳐들고 눈썹을 찡그리며 시비를 논한다면 이것은 어찌 조정을 경시하고 선비들을 욕되게 하는 것이 아니겠습니까?

아아, 저와 같은 인간이 이제 무슨 말을 하겠습니까? 통탄할 일이요! 통탄할 일이요! 나와 같은 사람이 무슨 말을 하겠습니까! 무슨 말을 하겠습니까! (嗟乎! 嗟乎! 如僕尙何言哉! 尙何言哉!)

하물며, 일의 本末은 쉽게 알 수 있는 것이 아닙니다. 저는 어려서 어떤 것에도 얽매이는 것을 싫어하였고, 자라서는 고향에서도 어떤 명성을 누린 바도 없습니다. 그러나 요행히 주상께서 先親과의 연고로 저의 보잘것없는 재주나마 펼칠 수 있도록 하셨고, 경비가 삼엄한 궁궐 안을 드나들 수 있게 해 주셨습니다. 저는 "동이를 이고 어떻게 하늘을 볼 수 있는가"라는 생각이 들어(僕以爲戴盆何以望天: 戴盆望天) 빈객들과의 교유를 사절하고, 집안일도 잊고, 밤낮으로 미약한 재주를 다하고, 한 마음으로 직무에 힘써서, 이로써 주상(主上)의 환심을 구할 것을 생각하였습니다. 그러나 일에 큰 착오가 있게 되어 생각한 것처럼 그렇게 되지 않았던 것입니다(而事乃有大謬不然者).

저는 이능(李陵)과 함께 문하시중으로 있었지만 본디 서로 친밀하지는 않았습니다. 취향이 각기 달라서 함께 술을 마신 적도 없고 친밀한 개인적인 감정도 없습니다. 그러나 제가 그 사람됨을 살펴보니 스스로 절개를 지킬 수 있는 특이한 인사임을 확신했습니다. 부모를 모시는 것은 효성스럽고 선비들과 사귀는 것은 신의가 있으며 재물에 대해서는 청렴하고, 주고받음에 공정함을 지키고, 長幼尊卑에 있어 겸양의 禮를 지켰고, 공손하고 검약하며 남에게 자신을 낮추었습니다. 언제나 자신을 돌보지 않고 나라의 위급함에 몸을 바칠 것을 생각하였습니다(常思奮不顧身, 以殉國家之急). 그의 평상시 쌓은 덕행은 한 나라의 큰선비로서의 기풍이 있다고 저는 생각했습니다. 신하된 자가 죽고 사는데 있어 개인의 안위를 잊고 나라의 위급함에 뛰어든다는 것은 이미 그것은 흔한 일은 아닐 것입니다. 그런데 이제 그가 행한 일 하나가 잘못되었다고 해서, 자신의 몸과 처자식을 감싸기에 바쁜 大臣들은 즉시 그의 단점을 과장하여 죄명을 키우고 있었습니다. 저는 정말 마음속으로 통분했습니다.

또 李陵(이능)이 지휘하고 있었던 보병은 5천 명이 채 되지 않았는데 오랑캐(匈奴)의 땅에 들어가 왕정(王庭)을 활보하였고 마치 호랑이가 사는 동굴에 미끼를 들이대듯 했습니다. 그는 위풍당당하게 거대한 오랑캐에게 도전하여 많은 적들과 전투를 하였고, 드디어 匈奴의 왕인 선우(單于)와 10여 일 동안 싸움을 하여 죽인 자는 반이 넘었고, 오랑캐는 사상자를 구조할 겨를도 없었고 적장들은 두려워 공포에 떨었습니다. 이에 單于는 좌우의 현왕(賢王)의 군대를 소집하고, 활 쏘는 사람을 모두 불러내는 등 온 나라의 힘을 동원하여 李陵의 군대를 공격하여 포위하였습니다. 李陵의 군대는 천 리에 걸쳐 싸우면서 화살은 다하고 길은 막히고 구원병은 오지 않고 병졸의 사상자는 쌓이기만 했습니다. 그러나 李陵의 한마디 외침으로 군사들을 격려할 때면 군사들은 분연히 일어섰고 눈물을 흘리고 피를 토하고 다시 맨주먹을 불끈 쥐고 적의 칼날을 무릅쓰며 북쪽을 향해 죽음으로 적과 싸웠던 것입니다.

李陵(이능)이 아직 적에게 패망하지 않았을 때, 군사(軍使)가 와서 보고를 올리자 조정의 공경(公卿) 왕후(王侯)들은 모두 축배를 들며 진군의 승리를 축하했습니다. 그 후 며칠 뒤에, 李陵이 패배했다는 소식이 전해지자 그 때문에 황제께서는 음식의 맛을 잃고, 조의(朝議)에서도 불편한 기색이었습니다. 대신들은 근심과 두려움으로 어찌 할 바를 알지 못했습니다. 저는 저의 지위가 낮음을 헤아리지 않고 주상(主上)의 슬픔과 번뇌를 보고, 충정의 마음을 바칠 것을 생각하였습니다.

제가 李陵은 평소에 士大夫들과 어려움도 함께 하고, 작은 것도 나누어주고 자신은 적을 것을 취했기 때문에, 사람들은 목숨을 걸고 떠받들었던 것입니다. 고대의 그 어느 장수도 그를 능가하지는 않을 것입니다. 몸은 비록 패하여 敵地(적지)에 있지만, 그의 의도는 장차 적당한 기회를 얻어 漢(한)나라에 보답하고자 했던 것입니다. 일은 이미 어찌할 수 없는 지경이 되었지만 그가 적을 무찌른 공은 역시 천하에 드러내기에 족한 것입니다. 저의 이러한 생각을 아뢰고자 했으나 아뢸 길이 없었는데 마침 주상께서 하문(下問)하셔서 곧 이러한 뜻으로 李陵의 공적을 말하고, 이에 주상의 마음을 위로하고 비방의 말을 막아보고자 하였습니다. 그러나 제 생각을 다 말하기도 전에 영명하신 주상께서는 제 진정한 뜻을 명찰(明察)하지 않으시고 제가 이사장군(貳師將軍) 이광리(李廣利)를 비방하고, 李陵만을 변호한다고 여기셨던 것입니다. 결국 저는 하옥되었고, 저의 충정을 끝내 밝힐 수 없었습니다. 그리하여 황제를 기만했다는 죄명을 받고, 판관의 결정을 추인 하셨던 것입니다.

저의 집안은 청빈하여 형벌을 면할 수 있을 만큼의 재물이 없었고, 사귀던 벗들은 아무도 나를 구하려 하지 않았으며, 황제의 측근인물들은 나를 위해 한마디 말도 하지 않았습니다. 사람은 木石이 아닙니다. 홀로 법리(法吏)와 마주하고 감옥 속에 갇혀 있으니 누구에게 내 사정을 하소연할 수 있었겠습니까. 이것은 少卿께서도 직접 겪고 계시지 않습니까? 저의 처지가 어찌 이렇지 않았겠습니까. 李陵은 살아서 항복함으로써 그 가문의 명성을 무너뜨렸고, 저는 또 宮刑당하여 잠실(蠶室; 누에를 기르는 방)에 던져져서 거듭 세상의 웃음거리가 되었습니다. 슬프고 슬픕니다. 이런 일을 세상 사람들에게 하나하나 말하기가 쉬운 일은 아닙니다(悲夫! 悲夫! 事未易一二爲俗人言也).

저의 선친(先親)은 탁월한 공적이 없어 부부(剖符) 단서(丹書)의 특별한 대우를 받지 못했습니다. 천문(天文)과 역법(曆法)에 관한 일을 하는 태사령(太史令)이고 점을 치거나 祭祀(제사)를 관장하는 부류에 가까워서 본디 주상에게 오락을 제공하는 악공(樂工) 배우처럼 대접을 받았으므로 일반사람으로부터 업신여김을 받았습니다. 민약 제가 법에 의하여 주벌(誅罰)을 당한다 해도, 아홉 마리의 소에서 터럭 하나가 없어진 것과 같으니 땅강아지나 개미와 어찌 다르겠습니까(若九牛亡一毛, 與螻蟻何以異)? 그리고 또 세상 사람들은 내가 죽는다 해도 절개를 위해 죽는 사람과 동일하게 여기지는 않을 것이며, 다만 내가 멍청하고 큰 죄를 지어 끝내는 죽었다고 여길 것입니다. 왜 그러하겠습니까? 평소 제가 그렇게 만든 결과겠지요.

사람은 한 번 죽기 마련입니다. 어떤 죽음은 태산보다 무겁고 어떤 죽음은 터럭만큼이나 가벼운 것은 그것을 죽음의 상황이 다르기 때문입니다(人固有一死, 死有重於泰山, 或輕於鴻毛 用之所趨異也). 사람됨에 있어 최상의 것은 선조를 욕되게 하지 않는 것이며, 그 다음은 자신은 욕되게 하지 않는 것이고, 그 다음은 자신의 안면(顔面)에 욕되게 하지 않는 것이고, 그 다음은 다른 사람에게 언사(言辭)의 욕을 먹는 것이고, 그 다음은 굴복하고 무릎을 꿇리는 치욕을 당하는 것이요, 그 다음은 죄수복을 입고 치욕을 당하는 것이요, 그 다음은 손발이 묶이고 매질을 당하는 치욕을 받는 것이고, 그 다음은 머리를 삭발을 당하고 쇠고랑에 목에 칼을 차는 치욕을 받는 것이고, 그 다음은 신체가 훼손되고 발이 잘려 치욕을 당하는 것이요, 최하의 것으로는 궁형(宮刑)을 당하는 것으로 최고의 치욕입니다.

"형벌은 上大夫에게까지는 미치지 않는다(刑不上大夫)"라는 말이 있습니다. 이 말은 선비는 절개를 지키기 위해 힘쓰지 않을 수 없다는 뜻입니다. 사나운 호랑이가 깊은 산중에 있을 때는 온갖 짐승들이 두려워하지만, 함정에 빠지게 되면 그 호랑이도 꼬리를 흔들며 음식을 구걸하는 것이니(猛虎處深山, 百獸震恐, 及其在穽檻之中, 搖尾而求食), 이것은 장기적으로 위력으로 구속을 가하여 점차적으로 발생한 결과입니다. 땅에 선을 그어놓고 감옥이라고 한다 해도, 기세에 눌려 들어가지 못하는 법이고, 나무를 깎아서 형리(刑吏)라고 해도 감히 맞서지 못하는 것은(有畵地爲牢, 勢不可入; 削木爲吏, 議不可對), 이는 미리 마음을 정하였기 때문입니다. 죄수들은 손발을 묶이고, 목에는 칼이 씌워지고, 옷을 벗기어 속살이 드러나고, 매질을 당하여 감옥에 갇혀있습니다. 이때에 옥리(獄吏)를 보면 머리를 땅에 조아리고 옥졸들을 보면 전전긍긍 숨소리 한번 제대로 내지 못합니다. 왜 그런가 하면 형벌과 위세에 눌렸기 때문인 것입니다. 이런 지경에 이르고도 치욕을 당하지 않았다고 말한다면 얼굴이 두꺼운 사람이라고 할 수 있겠습니다.

서백(西伯: 周文王)은 제후(諸侯)의 우두머리였으나 유리(羑里)에 갇히는 몸이 되었고, 이사(李斯)는 재상이었지만 오형(五刑)의 죽음을 당했습니다. 회음후 한신(淮陰侯韓信)은 초왕(楚王)이었지만 진(陳)에서 묶이는 신세가 되었고, 팽월(彭越)과 장오(張敖)는 한고조(漢高祖)의 공신(功臣)이였으나 반역의 모함을 받아 감옥에 갇혀 죄를 받았습니다. 강후 주발(絳侯周勃)은 여후(呂后) 가족을 죽여 그 권력이 춘추(春秋)의 오패(五霸)를 능가하였으나 역시 감옥에서 죽는 몸이 되고, 위기후(魏其侯)는 대장군(大將軍)의 몸으로 붉은 죄수복을 입고 목과 손과 다리에 고랑이 채워졌습니다. 항우(項羽)의 명장(名將) 계포(季布)는 한고조(漢高祖)의 추격을 피하기 위하여 머리를 밀고 이름을 바꿔 스스로 노복(奴僕)이 되었고, 난을 평정한 관부(灌夫) 역시 감옥에서 치욕을 당하는 몸이 되었습니다. 이 사람들은 모두 왕후장상의 지위에 이르렀고, 명성은 이웃나라에까지 알려졌지만 죄를 지어 법망을 조여오기 전에 스스로 자결하지 못하고 감옥에 갇히고 말았습니다. 이러한 이치는 옛날이나 지금이나 마찬가지입니다, 스스로 결단을 내리지 않으니 어찌 치욕을 당하지 않을 수 있겠습니까.

그러니 용감하고 비겁한 것은 권세가 좌우하는 것이고, 강함과 나약함은 그 때의 상황에 의해 정해지는 것입니다. 이러한 명백한 이치를 어찌 괴이하다고 할 수 있습니까? 사람이 법에 의해 처벌되기 전에 일찌감치 스스로 결단하지 못하고 미적미적하다가 끝내 채찍을 당하기에 이르러서야 절개를 지키려고 죽음을 생각한다면, 이것은 너무 늦은 일이 아니겠습니까? 옛 사람들이 대부(大夫)에게는 형벌을 내리는 것을 신중하게 생각한 것은 이러한 이유 때문일 것입니다.

살기를 애쓰고 죽기를 싫어하며, 부모를 생각하고 처자를 돌보는 것은 인간의 본성입니다. 그러나 義理때문에 죽음을 택하는 사람은 부득이한 바가 있기 때문입니다. 불행히도 저는 일찍이 부모님을 잃었고 가까운 형제도 없이 홀로 외로이 살아왔습니다. 少卿께서 보시기에 제가 처자에 대해서는 어떻다고 보십니까? 또 용기 있는 자라고 해서 반드시 절개를 위하여 죽는 것도 아니며, 비겁한 사내라도 의(義)를 사모하면 어떤 행동이라도 힘쓸 수 있습니다. 제가 비록 비겁하고 나약하며 구차히 살고자 하는 마음이 있으나 거취(去就)의 분별 또한 잘 압니다. 어찌 스스로 몸이 속박되는 치욕 속에 자신을 밀어 넣겠습니까? 천박한 노비들조차도 자결할 줄 아는데, 하물며 저와 같이 어쩔 수 없는 상황에서는 죽어야 마땅할 일이 아닌가요? 제가 고통을 감내하고 구차하게 삶을 살고, 감옥에 갇혀 있는 것은, 저의 개인적인 소망이 실현되지 못했고, 그저 그렇게 세상에서 사라져버릴 경우, 나의 문채(文彩)를 후세에 전하지 못할 것이기 때문입니다.

옛날부터 부귀(富貴)하였지만 이름이 후세에 전해진 자는 그 수가 너무나 적습니다. 오로지 탁월하고 호방하고 비범한 인물만이 세상에 그 이름이 전해지고 있을 뿐입니다. 周文王(주문왕)은 갇힌 몸이 되어 괘(卦)를 풀어 "周易(주역)"을 지으셨고, 孔

子는 어려운 처지를 당하여 "춘추(春秋)"를 지었습니다. 굴원(屈原)은 쫓겨 가서 "이소(離騷)"를 쓰셨고, 좌구명(左丘明)은 실명(失明)한 뒤에 "국어(國語)"를 지었습니다. 손자(孫子)는 발이 잘리고 "병법(兵法)"을 편찬하였고, 여불위(呂不韋)는 촉(蜀)에 유배되어 "呂氏春秋(여씨춘추)"가 세상에 드러냈고, 한비자(韓非子)는 秦(진)에 구금된 다음 "세난(說難)" "고분(孤憤)"을 저술하였으며, "시경(詩經)"의 300편은 대개 先賢(선현)의 마음을 토로한 작품입니다. 이 사람들은 모두 가슴속에 맺힌 바가 있고, 자신들의 이상을 실현할 수 없었기 때문에 자신의 일들을 기술하여 후세의 사람들이 자신의 뜻을 알아줄 것을 바랬던 것입니다. 左丘(좌구)는 눈이 멀고 孫子(손자)는 발이 잘렸지만 끝내 중용되지 못하여 물러나 자신들의 견해를 기술히고, 자신들의 심성을 토로한 것은, 자신들의 저서가 후세에 전해지고 자신들의 지향과 포부를 밝히고자 했던 것입니다.

저도 감히 무능한 문필을 빌어 天下의 유사(遺事) 구문(舊聞)을 수집하고, 또한 先人들의 행적을 考證(고증)하고, 어떤 일의 처음과 끝을 종합 정리하여, 역사의 성패흥망(成敗興亡)의 이치를 고찰하고 했습니다. 위로는 전설의 黃帝(황제)로부터 아래로는 지금까지 十表(표) 十二本紀(본기) 八書(서) 三十世家(세가) 七十列傳(열전) 총 130편을 저술하였습니다. 저는 자연과 인간의 관계를 탐구하고, 고금역사 변화를 묶어, 일가(一家)의 말을 이루고자 하였습니다(亦欲以究天人之際, 通古今之變. 成一家之言). 그리나 초고를 다 쓰기도 전에 이런 화를 당했습니다. 애석하게도 책이 완성되기도 전에 극형을 당했지만 저는 조금도 원망을 하지 않았습니다. 제가 정말 이 책을 완성하여 명산(名山)에 숨겼다가 내 뜻을 알아줄 사람에게 전하여 사회에 널리 알려지게 되면 치욕을 당하면서도 죽지 못했던 빚을 보상받을 수 있을 것이고, 설령 백 번 만 번 죽임을 당한다 해도 어찌 후회가 있겠습니까? 이것은 지혜로운 사람에겐 말할 수 있지만 속인에겐 말하기 어려운 일입니다(然此可爲智者道, 難爲俗人言也).

하물며 중죄인의 몸으로 처신하는 것도 쉽지는 않고, 때때로 소인배들의 비방을 받습니다. 제가 李陵(이능)을 변호하다가 화를 당했기 때문에 더욱 향리(鄕里)에서 비웃음거리가 되었고, 선친들을 욕되게 하였는데, 무슨 면목으로 다시 부모님의 산소 앞에 오를 수 있겠습니까? 비록 백세(百世)의 세월이 흘러도 이러한 수치는 씻을 수 없을 것입니다. 그래서 하루에도 아홉 번이나 애가 끊어지는 듯하고 집안에 있으면 망연자실하여 무엇을 잃은 듯하고 집을 나서면 어디로 가야 할지 분간을 못합니다. 이 치욕을 생각할 때마다 땀이 등줄기를 흘러 옷을 적시지 않는 적이 없습니다(是以一日而九回, 居則忽忽若有所亡, 出則不知其所往. 每念斯恥, 汗未嘗不發背沾衣也). 저는 지금 환관과 같은 처지인데 어찌 스스로를 깊은 바윗골 속에 숨어 살 수 있겠습니까? 그래서 저는 잠시 세월을 쫓아 부침하고 때에 따라 처신하며 미혹되게 살아가고 있습니다.

지금 少卿(소경)께서는 저에게 훌륭한 인물을 밀어주라고 충고하시지만 그와 같은 일을 저의 속뜻과는 어긋나는 게 아니겠습니까. 지금은 설령 스스로를 美化(미화)하고 아름다운 말로 자신을 꾸미고자 한들 세상에 아무런 유익함도 주지 못할 것이고 세상이 믿어주지도 않을 뿐이니 그저 이러한 치욕에 만족하는 것입니다. 결국 죽고 나서 是非(시비)가 정해지는 법입니다. 글로써 뜻을 다 전할 수는 없고 그저 저의 미천한 생각을 대략 말씀드렸습니다. 삼가 다시 절을 올립니다.

이육화(李陸禾)

대만 국립정치대학 중문과(문학사)
국민대학교 대학원(문학석사)
중국 산동대학 중문연구소(문학박사)
(현) 광주대학교 중국학과 교수
(현) 중국어문연구회 회장

明心寶鑑(選讀)

초판 1쇄 발행 _ 2014년 8월 30일

편저자 · 이 육 화
발행인 · 정 현 걸
발　행 · 신 아 사
인　쇄 · 예지인쇄
주　소 · 서울특별시 은평구 통일로 59길 4 (2층)
전　화 · (02) 382-6411 팩스 · (02) 382-6401
홈페이지 · www.shinasa.co.kr
E-mail · shinasa@daum.net
출판등록 · 1956년 1월 5일(제9-52호)

ISBN: 978-89-8396-866-1(93820)

정가 10,000 원